Guía para el docente y solucionarios

Repostería

Editado por: IC Editorial
c/ Cueva de Viera, 2, Local 3
Centro Negocios CADI
29200 Antequera (Málaga)
Teléfono: 952 70 60 04
Fax: 952 84 55 03
Correo electrónico: iceditorial@iceditorial.com
Internet: www.iceditorial.com

Guía para el docente y solucionarios:
Repostería

1ª Edición

© IC Editorial 2026

ISBN: 979-13-7027-126-8
Depósito Legal: MA 118-2026

Impresión: PODiPrint
Impreso en Andalucía - España

Índice

Guía para el docente: técnicas de enseñanza y aprendizaje

Contenido

1. Introducción

El presente capítulo está destinado a ofrecer al cuerpo docente responsable de la enseñanza del programa de cualificaciones profesionales y certificados de profesionalidad, una guía metodológica para obtener el máximo rendimiento de los contenidos formativos que han sido desarrollados para el presente título.

La mejora de las habilidades comunicativas y la aplicación de una metodología contrastada de enseñanza, aprendizaje y evaluación permitirá transmitir el conocimiento y adquirir el programa formativo de la forma más efectiva y práctica posible.

Estudiaremos cuáles son los principales elementos que forman parte de la comunicación profesor-alumno, a través de una cuidada selección de sistemas de planificación de estrategias didácticas, así como la utilización de medios y recursos didácticos.

La integración de todas las actividades planificadas alrededor de un plan de formación adaptado e individualizado, aumentará además la satisfacción del alumnado por la utilización de un sistema no lineal e interactivo que se retroalimenta gracias a la relación establecida entre la propia metodología y los actores que forman parte de la enseñanza.

2. El programa de formación

Una de las claves del éxito de la mayoría de las actividades que se realizan en general, y concretamente en la formación, es la **programación.** Es necesaria la programación de las acciones formativas, para que así se pueda alcanzar el objetivo final, es decir, que el alumno obtenga una buena capacitación y adquiera nuevos conocimientos en su repertorio y que, después, sea capaz de emplearlos en su trabajo.

2.1. Definición de programación

Cuando se habla de **programación,** se pueden encontrar multitud de defini-
ciones. Para sintetizar, se podría definir como la actividad de enunciar lo que
se quiere hacer (objetivos, contenidos, métodos, temporalización, medios y
recursos didácticos y evaluación).

 Definición

___

Programación
Es un plan donde se establecen las acciones que se van a realizar en un proceso de
enseñanza-aprendizaje, por medio de un formador o un equipo.

___

A continuación, se va a describir una serie de características que tiene que
tener una programación didáctica:

- Dinámica. Una programación no es estática ni está acabada, siempre
  está en constante revisión, de ahí su dinamismo. Además va cambiando
  o evolucionando según los resultados de la evaluación continua que se
  va realizando durante la ejecución de la acción.
- Flexible. Esta característica permite que se puedan hacer cambios, am-
  pliaciones, reducciones y actualizaciones de los contenidos y actividades programadas, según las necesidades que se observen.
- Creativa. La programación como es un diseño propio y exclusivo, exige
  creatividad y originalidad. El docente es el que decide sobre el quehacer
  en el aula teniendo en cuenta las características del grupo, las necesidades que se pretenden satisfacer y las propias posibilidades.
- Prospectiva. La programación consiste en hacer un pronóstico de la interacción que se va a producir en el aula.

- Sistemática. La programación es un proceso sistematizador que da coherencia a la acción formativa, ya que tiene en cuenta todos los elementos (objetivos, contenidos, métodos, temporalización, medios y recursos pedagógicos y evaluación) que intervienen en el acto educativo y analiza sus relaciones.
- Integradora. Permite integrar elementos de cualificación técnico-profesionales con elementos de cualificación personal de alumnado.
- Funcional. Toda programación debe basarse en el perfil profesional de la ocupación y estructurar los contenidos formativos que proporcionan las competencias de ésta.

2.2. Elementos de la programación

Antes de empezar cualquier programación formativa, es necesario tener en cuenta los datos obtenidos del análisis de la ocupación y del grupo al que se dirige la acción formativa. A partir de esta información, se determinan los elementos que van a conformar la programación.

Cuando se realiza la programación de un curso, hay que plantearse previamente las siguientes preguntas:

1. ¿Qué quiero conseguir con la formación?	**OBJETIVOS**
2. ¿Qué conocimientos deben asimilar los alumnos para alcanzar los objetivos propuestos?	**CONTENIDOS DEL CURSO**
3. ¿Cómo trabajamos en el aula? ¿Qué actividades son las que realizamos?	**MÉTODOS DE ENSEÑANZA**
4. ¿Cuánto tiempo tengo y cuánto dedico a cada módulo?	**TEMPORALIZACIÓN**
5. ¿Qué medios y recursos didácticos se necesitan para poder llevar a cabo esas actividades?	**MEDIOS Y RECURSOS DIDÁCTICOS**
6. ¿Cómo sabemos que se ha producido el aprendizaje?	**EVALUACIÓN**

3. Factores determinantes de la efectividad de la comunicación en el proceso de enseñanza-aprendizaje

En toda comunicación que se produzca en el proceso de enseñanza-aprendizaje, existen factores determinantes que obstaculizan o refuerzan este proceso.

3.1. Obstáculos de la comunicación

Relacionados con el emisor

- No expresar de forma clara qué mensaje se quiere transmitir.
- Comentar algo a lo largo de la explicación que no sea lo correcto y pueda resultar desagradable.
- Cambiar el tema de conversación.
- Desviarse del tema que se está tratando.
- No mirar al receptor cuando se quiere expresar algo.
- No estar atento a las señales que emite el receptor.
- Expresar alguna idea a través de los gestos que no se corresponda con la idea a comunicar.

Relacionados con el receptor

- No comprender las ideas que quiere expresar el emisor.
- No pedir explicación al emisor de aquella información que no le haya quedado clara.
- Interrumpir al emisor cuando está hablando.
- Captar algo diferente a lo que el emisor desea transmitir.

Relacionados con el mensaje

- Mensaje confuso.
- Mensaje muy corto.
- Mensaje muy extenso.
- Abuso de muletillas.
- Utilización de frases sin terminar.
- Dar "rodeos" para decir la idea principal.

Relacionados con el contexto

- No ser el momento adecuado para transmitir algo.
- No saber escoger el lugar oportuno.
- La presencia de ruidos y de interferencias.
- No pensar en las personas que están cerca.

Relacionados con el código

- No utilizar el mismo código que la persona con la que se habla o a la que se escucha.
- No adaptar el vocabulario a la situación o a la persona con la que se conversa.
- Utilizar el doble sentido.

3.2. Sugerencias para el mejor funcionamiento de la comunicación

Emisor

- Acostumbrarse a planificar la comunicación.
- Concretar visiblemente los objetivos.
- Buscar la retroalimentación en la comunicación.
- No tratar de impresionar al receptor.

Mensaje

- Que sea claramente entendido por el receptor.
- Que la terminología usada sea de referencia común.
- Que reclame la atención y el interés del alumnado.
- Que sea sencillo de interpretar.
- Que su contenido sea adecuado y convincente.
- Que produzca el máximo efecto posible.

Canal

- Que sea el más apropiado al grupo al que se dirige, al contenido del mensaje y al objetivo que persigue el formador.
- Que sea el que cause mayor impacto en el receptor.
- Que sea el más eficaz.
- Que sea el que mejor domine el formador.

4. La comunicación verbal y no verbal en el proceso instructivo

Los medios de comunicación pueden agruparse en dos grandes bloques: los **medios verbales,** que son aquellos que usan la lengua como código compartido; y los **medios no verbales,** que son los que se fundamentan en otros códigos simbólicos. A su vez, dentro de los medios verbales, están el medio escrito y el medio oral.

Cada uno de estos medios tiene sus ventajas y sus inconvenientes, por lo que la selección del medio deberá tener en cuenta las circunstancias y características que en cada caso presenta el comunicador, la audiencia y el mensaje que se ha de transmitir.

4.1. Los medios verbales

La comunicación verbal

La comunicación verbal se utiliza para comunicar ideas o dar información, opiniones, expresar o describir sentimientos, etc. Sirve de vehículo a los contenidos explícitos del mensaje. Para garantizar la efectividad de la comunicación, es necesario que el mensaje se presente de forma descriptiva y operativa, pero siempre teniendo muy en cuenta el código común del grupo al que va dirigida esta comunicación.

Un uso correcto del lenguaje oral ayuda a acercarse más a los alumnos. Los principales aspectos a considerar son los que aparecen a continuación.

Construcciones gramaticales

El objetivo será transmitir el mensaje de la manera más clara posible. Se deben evitar los giros rebuscados, la sintaxis complicada y las metáforas. En las explicaciones y conversaciones debe primar el contenido sobre la forma.

Vocabulario

Es importante saber qué palabras van a expresar mejor los conceptos que se desean transmitir y las que pueden ser comprendidas mejor por los alumnos. El análisis previo de los alumnos ayuda a saber qué términos técnicos se pueden utilizar sin problemas, cuáles se tienen que explicar y cuáles se deben evitar.

En general, siempre hay que mantenerse dentro de un lenguaje formal, evitando los vocablos demasiado coloquiales, las palabras extranjeras, las referencias académicas y expresiones de carácter religioso, político, deportivo o cultural, que pueden resultar agresivas para los alumnos.

Ejemplos

Los conceptos abstractos que pueden aparecer y que dificultan la adquisición de los contenidos, tienen que ser expresados mediante las explicaciones del formador, siempre apoyándose en la visualización.

La comunicación escrita

La comunicación escrita posee un carácter más veraz que la oral. La interacción que tiene lugar entre el emisor y el receptor no es inmediata, en algunas ocasiones no llega a producirse jamás. Este tipo de comunicación ofrece más oportunidades expresivas y mayor complejidad gramatical, sintáctica y léxica. También hay que tener en cuenta que a veces dificulta la expresión y/o puede no proporcionar *feedback* de manera inmediata.

4.2. Los medios no verbales

Al igual que las palabras, los elementos de la comunicación no verbal son signos que representan una idea (se excluyen todos los signos lingüísticos).

A diferencia de la comunicación verbal, su función no se centra sólo en la transmisión de contenido, sino que traspasa esa frontera para expresar también las emociones del emisor, controlar la interacción y proporcionar *feedback* del efecto que el mensaje produce en el receptor. Todas estas funciones son muy útiles para el formador, tanto en su tarea de transmisor de conocimientos como en la tarea de motivar y dirigir al grupo.

A continuación, se detallan las diferentes categorías en las que se agrupan los elementos de la comunicación no verbal.

Kinesia

Posturas

Una de las primeras cosas que el formador debe transmitir a sus alumnos es confianza y seguridad, lo que puede conseguirse a través de una postura erguida (sin llegar a ser arrogante), de pie, apoyándose sobre los dos pies y manteniendo la cabeza alta.

Esta postura es útil, especialmente durante la presentación del curso, porque ayuda a relajar el cuerpo, a facilitar la respiración y a controlar las muestras de nerviosismo, al tener un buen apoyo en el suelo.

A medida que avanza el curso, se pueden adoptar otras posturas que faciliten el descanso (apoyarse), el acercamiento (echar el cuerpo hacia delante) o que resten protagonismo (sentarse).

Gestos

Los gestos son un buen aliado del formador, excepto cuando éste se siente incómodo o nervioso. Gestos de carácter adaptador, como rascarse o colocarse la ropa, pueden delatar su estado emocional.

La mayoría de los gestos cumplen la función de reforzar el mensaje verbal (ilustradores), aunque existen otros cuya función es regular las intervenciones cuando se dirige una discusión de grupo.

Expresiones faciales

Las expresiones de la cara transmiten las emociones y permiten obtener fácilmente una respuesta del alumno.

Una expresión facial agradable, como una sonrisa no forzada, facilita la creación de un ambiente relajado en el aula. Una sonrisa puede ser muy útil también para romper la tensión que inevitablemente surge en algunas sesiones.

Mirada

La mirada, junto con la postura, es uno de los mejores métodos para transmitir confianza (en momentos de nerviosismo se tiende a apartar la vista) y para captar la atención de los alumnos.

Mientras el formador habla debe mantener la mirada sobre los alumnos la mayor parte del tiempo, mirándolos el tiempo suficiente como para que se sientan atendidos pero no incómodos. También se puede utilizar la mirada durante las discusiones de grupo, con una función reguladora de las distintas intervenciones.

Desplazamientos

Realizar desplazamientos en el aula capta la atención del alumnado, además de facilitar el contacto visual. Hay que procurar que no sean repetitivos o bruscos (pasear cerca de los alumnos), y cambiar de un recurso a otro (ir de la pizarra al retroproyector), etc.

Recuerde

Los recursos no verbales que estudia la Kinesia son:

I Posturas.
I Gestos.
I Expresiones faciales.
I Mirada.
I Desplazamientos.

Estos recursos pueden utilizarse tanto para reforzar lo que se expresa mediante la comunicación verbal como para sustituirlo.

Proxémica

El aspecto de la proxémica que más interesa es la proximidad física entre los individuos, ya que los alumnos pueden sentirse violentos si el formador se aproxima excesivamente a ellos o, por el contrario, verle distante si no se acerca.

Se debe prestar atención a este aspecto, tanto durante las intervenciones como al distribuir el espacio del aula que se va a emplear, evitando siempre que los asientos estén demasiado juntos o demasiado separados.

Paralingüística

Para captar la atención del público, los oradores suelen hacer uso de determinados aspectos como el tono de voz o las pausas, que en algunos casos pueden parecer exagerados.

El formador, aunque emplee el método de la lección magistral, no es un orador y, por tanto, no debe prestar especial atención a estos aspectos, excepto cuando le plantean algún problema, debido a la ansiedad, al cansancio o a un mal estado de salud. Practicar en voz alta y realizar grabaciones durante la fase de preparación puede ayudar a vencer estas dificultades.

Volumen

Aunque el aula sea pequeña, se tiene que realizar el esfuerzo de hablar lo suficientemente alto para que todos los alumnos oigan las explicaciones y, a la vez, transmitir confianza. En general, el volumen se ajustará instintivamente cuando se compruebe dónde se sitúa la persona que se encuentra más alejada.

Entonación

El problema más frecuente, especialmente si se está cansado, es la monotonía, que no contribuye a captar la atención ni a motivar a los alumnos.

El interés que el formador muestre por el tema y una correcta preparación le hará destacar los puntos clave y jugar con la entonación de una forma adecuada a lo largo de toda la exposición.

Pronunciación

Los problemas se presentan especialmente cuando se está nervioso o se habla demasiado rápido. Se debe hacer un esfuerzo por articular todas las palabras de manera limpia y clara, abriendo la boca lo suficiente para pronunciar correctamente las sílabas, consonantes y vocales.

Velocidad

Una velocidad correcta puede ayudar a resolver problemas de pronunciación y de entonación. Se debe hablar a una velocidad normal o algo superior, para facilitar el mantenimiento de la atención. No obstante, si se está nervioso, se puede hablar con mayor lentitud para facilitar la respiración y relajarse. También se debe reducir la velocidad cuando se expliquen conceptos técnicos complejos o cuando se espere alguna respuesta por parte de los alumnos.

Recuerde

Los elementos que trata la Paralingüística son:

- El volumen.
- La entonación.
- La pronunciación.
- La velocidad.

Proyección física

Existen determinados factores que, sin que la persona diga ni haga nada, transmiten información y hacen referencia a la imagen física que esta persona proyecta.

Es fundamental que el formador transmita una imagen positiva para los alumnos. Se debe cuidar el aspecto externo y los artefactos que se usen, como los adornos y prendas de vestir. La manera adecuada de vestir depende de la situación y siempre debe estar en consonancia con lo que cada colectivo de alumnos espera del formador.

Ejemplo

Sería negativo vestir pieles para impartir un curso cuyo objetivo fuese desarrollar actitudes positivas hacia la protección del medio ambiente.

En cualquier caso, se debe llevar ropa que resulte cómoda, bien cuidada y no demasiado llamativa. A los adornos y al peinado se aplican las mismas reglas que al vestido.

 **Importante**

Un objetivo fundamental del formador es dirigir la atención de los alumnos hacia el contenido que está desarrollando, nunca hacia su persona.

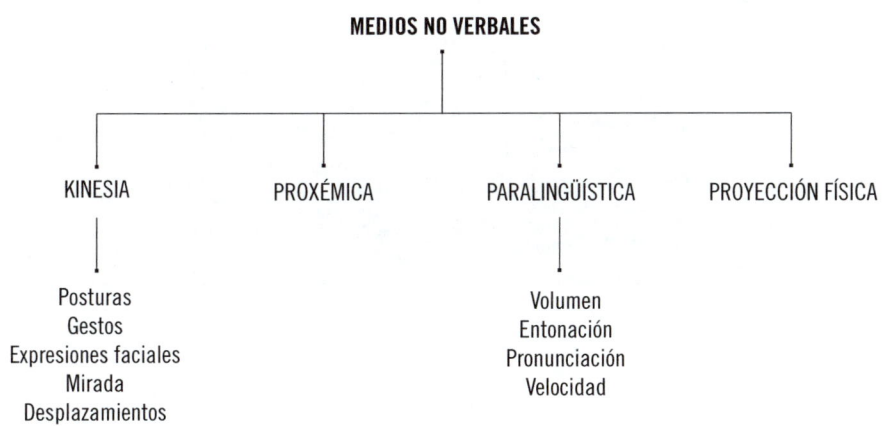

Finalmente, conviene recordar que si el formador observa atentamente la comunicación no verbal que expresan los alumnos, obtendrá una gran cantidad de información.

Hay numerosos signos no verbales que puede mostrar el alumno:

- **Atención:** posturas del cuerpo (inclinado hacia delante, hacia atrás...).
- **Necesidad de hablar:** movimientos sutiles de la boca, de la mano, etc.
- **Irritación:** movimiento de pies, manipulación de objetos sobre la mesa, etc.

- **Concentración:** tomar apuntes, mirar al docente, etc.
- **Cansancio:** cuerpo hundido, suspiros, etc.
- **Inercia:** silencios de todo el grupo, etc.
- **Desinterés:** cerrar el cuaderno, bostezar, mirar al vacío, etc.
- **Sorpresa:** levantar los brazos, abrir la boca, levantar las cejas, abrir los ojos, etc.

Si se observan estos elementos de forma atenta, se podrá obtener información sobre la comprensión del mensaje y el estado emocional de los alumnos, lo que será de gran utilidad para el formador durante el curso.

La comunicación no verbal aporta información al formador sobre los alumnos

5. Técnicas de secuenciación de contenidos

Una vez seleccionados los contenidos, hay que ordenarlos secuencialmente. La **secuenciación y estructuración de los contenidos** es el proceso que permite situarlos en una configuración que produce el máximo aprendizaje en el mínimo tiempo posible.

Algunas de las técnicas para la secuenciación de contenidos son las siguientes:

- Que los contenidos estén de acuerdo con los objetivos propuestos y con los plazos previstos para conseguirlos.

- Empezar por los contenidos más próximos y significativos para el alumno, para llegar poco a poco a lo desconocido. De esta manera, resultará más fácil introducir los nuevos contenidos.
- Ir de lo inmediato a lo remoto.
- Ir de lo concreto a lo abstracto.
- Ir de lo más fácil a lo más difícil. Esto motiva al alumnado porque le va mostrando los avances de manera rápida.

Las principales ventajas que este proceso conlleva son:

- Ayuda al participante a pasar de un conocimiento o habilidad a otro.
- Garantiza que los conocimientos y habilidades previas son alcanzados antes de introducir elementos nuevos.
- Reduce el tiempo de formación.
- Evita la confusión y los fallos en el participante.

Estos puntos son los principales aspectos a tener en cuenta cuando se realiza la presente fase de la programación de la formación, es decir, cuando se fijan los contenidos de la formación.

6. La selección y planificación de estrategias didácticas

Las personas que realizan un curso de formación son diversas, por ello es muy importante que las estrategias didácticas se adapten, de la mejor forma posible, al contexto y permitan una flexibilidad.

 Definición

Estrategias didácticas
Son procedimientos que el formador emplea para facilitar el aprendizaje, con la intención de que éste sea significativo.

Tras la selección y estructuración de contenidos, llega el momento de decidir la modalidad de formación a seguir y la metodología a utilizar en su impartición. Pero esta decisión no se puede tomar arbitrariamente, sino que ha de basarse en unos criterios. Los criterios de decisión básicos para determinar qué estrategia y qué método de formación es el adecuado, son:

- La compatibilidad con los objetivos.
- Los principios generales del aprendizaje del adulto: individualización, motivación, utilidad, practicidad, intereses, etc.
- Los principios de rigor, realismo y participación.
- El carácter eminentemente aplicativo de los aprendizajes.
- La posibilidad de transferir los aprendizajes al puesto de trabajo.
- Los recursos disponibles, incluido el tiempo.
- Los factores relacionados con los participantes, como el estilo de aprendizaje, la edad, el tamaño del grupo, la motivación, etc.

Una vez escogido el método, se observa que ninguno es químicamente puro, sino que unos participan de otros. Por lo demás, todo método puede ser adecuado o inadecuado dependiendo del modo en que sea empleado.

Los formadores deben utilizar los métodos flexiblemente, de la forma que mejor se adapten al estilo de formación, a la materia y a los alumnos, complementando cada método con la técnica y recurso didáctico más acorde.

7. La selección y planificación de medios y recursos didácticos

Para realizar cualquier acción formativa, hace falta algo más que elegir y aplicar unos métodos y unas técnicas. Son necesarios los medios y recursos didácticos, que van a ayudar a desarrollar la metodología seleccionada en el aula. Los medios y recursos didácticos permiten el trasvase de información formador-alumno.

 Definición

Medios didácticos
Son materiales elaborados para facilitar los procesos de enseñanza-aprendizaje.

Recursos didácticos
Son soportes mediante los cuales se presentan los contenidos del curso a los alumnos.

A la hora de escoger el medio o recurso a utilizar, se deben tener en cuenta los siguientes criterios:

- **Características de la materia o tema.** Dependiendo de la naturaleza de los contenidos, éstos pueden ser transmitidos por unos u otros métodos.
- **Los objetivos del curso.** Toda selección de medios y estrategias de enseñanza deben realizarse en función de éstos.
- **La disposición del aula y el número de alumnos.** Hay que tener cuidado, sobre todo en la visibilidad de alguno de los recursos, porque pueden perder eficacia.
- **Tiempo disponible para la formación.** Este elemento tiene que estar siempre presente, porque, en función del tiempo que se tenga, se elegirá lo que se adapte mejor a las necesidades.
- **Recursos disponibles,** ya que en algunas ocasiones están a nuestro alcance.
- **El uso que se haga de ellos,** cuál es la finalidad, qué es lo que se pretende y en qué momento se van a utilizar.
- **El nivel de conocimiento de los alumnos** sobre el tema.

Todos estos puntos se han de tener en cuenta a la hora de escoger un medio o recurso didáctico. La finalidad de éstos no es otra que la de fundamentar, apoyar y reforzar el acto formativo.

8. La planificación de la evaluación del proceso de enseñanza-aprendizaje

La aplicación de programas de formación lleva a la obtención de unos determinados resultados. Éstos serán los frutos de la formación y mostrarán el grado de eficacia y eficiencia con que se lleva a cabo la función formativa.

Los resultados indican el éxito de la formación mediante su contraste con los objetivos fijados anteriormente. Este procedimiento recibe el nombre de **evaluación,** proceso ampliamente conocido y con trascendencia reconocida para la formación. Según el proceso de evaluación aplicado, los resultados obtenidos serán reales y fiables, o bien, falseados.

Para que los resultados de la evaluación muestren con certeza el grado de éxito alcanzado con la formación, es necesario un requisito previo: el establecimiento de criterios de evaluación durante el proceso de planificación de la formación. Los criterios actúan como puntos de referencia, a partir de los cuales se valoran los resultados obtenidos.

Los criterios de evaluación han de fijarse con mucha atención, ya que determinan el proceso de evaluación, y éste juzga el grado de éxito de la función formativa.

El primer aspecto a tener en cuenta es la validez: los criterios de evaluación han de ser válidos en relación a los elementos del proceso formativo.

Los aspectos que determinan el grado de validez de los criterios de evaluación son:

- La relevancia.
- La no deficiencia.
- La no contaminación.
- Su fiabilidad.

El establecimiento de criterios válidos y fiables permitirá elaborar un proceso de evaluación de la formación que mida rigurosamente la eficacia y la eficiencia de la función formativa.

9. El seguimiento formativo

El seguimiento es un proceso continuo que sirve para evaluar la eficacia del uso de los recursos y para saber qué iniciativas se pueden emprender para mejorar el aprovechamiento de los recursos formativos.

El seguimiento, además de realizarse después de haber finalizado la planificación formativa, también se realiza antes de la acción.

9.1. Características

El seguimiento formativo permite evaluar los distintos componentes (desde los alumnos hasta todos los elementos que forman la programación) que intervienen en él durante todo el proceso de formación.

El seguimiento formativo se diferencia de la evaluación en que éste tiene que ver más con tareas organizativas, de coordinación, administrativas, etc.; sin embargo, la evaluación valora aspectos de los procesos de formación, como pueden ser la comunicación, el aprendizaje de los nuevos conocimientos, etc.

Con la realización adecuada de un seguimiento formativo:

- Se pueden **descubrir errores o desajustes** en el proceso de enseñanza-aprendizaje antes de que se realice la evaluación final para comprobarlos.
- Se pueden **corregir los errores** en el momento en el que se están produciendo.
- Además, **se detectan los aspectos positivos** que tienen lugar a lo largo de todo el proceso y las **posibles mejoras** que se pueden realizar.

El seguimiento formativo tiene que ser realizado por todas las personas que están implicadas en la realización de los cursos de formación (tutores, coordinadores, técnicos, etc.), por ello, el formador es una figura importante en el proceso de formación, ya que se encuentra implicado en él.

El proceso de formación debe estar planificado, pensado y planteado antes de que empiece la acción de formación, nunca debe llevarse a cabo de manera cerrada, sino que tiene que estar abierto a cualquier cambio que se considere necesario.

9.2. Finalidad

Son varias las finalidades que persigue el seguimiento formativo:

- Ayudar a comprender por qué ocurren algunas cosas y qué se puede hacer para intervenir en ese proceso que se está llevando a cabo.
- Identificar y solucionar los problemas que surgen a lo largo del proceso.
- Contribuir para elaborar planes de formación de manera objetiva, sin desviarse de la finalidad éste.
- Colaborar en la disminución y control del uso de los recursos materiales.
- Determinar el nivel que puede alcanzar el rendimiento y relacionarlo con el rendimiento actual.
- Diagnosticar y detectar problemas para llevar a cabo las acciones correctivas pertinentes.

9.3. Planificación

El seguimiento formativo debe planificarse antes y durante la acción formativa.

El objetivo de este seguimiento es comprobar la eficacia de la acción formativa antes de que ésta llegue a su fin, es decir, es necesario que durante este proceso todos los elementos que van a formar parte del aprendizaje estén planificados.

Los dos momentos que hay que tener en cuenta para planificar el seguimiento formativo son:

- **Antes de la acción formativa:** es necesario conocer las necesidades, el perfil del alumno, qué materiales, instrumentos, recursos, medios didácticos se van a usar.

■ **Durante la acción formativa:** aquí el seguimiento se utiliza para comprobar los posibles errores y mejoras que se pueden llevar a cabo. Ofrece la posibilidad de poder modificar aquellas acciones o medios que dificultan el avance del aprendizaje.

10. Instrumentos para el seguimiento

A lo largo de un ciclo formativo pueden suceder errores y surgir problemas, esto abarca desde la identificación de necesidades hasta la planificación, el diseño, la implantación y la evaluación. Por todo esto, es importante saber cuál es la causa del problema y saber tomar las medidas oportunas para que no se origine nuevamente.

Para detectar el origen del problema, siempre se necesita una información determinada, ésta sólo se puede obtener mediante técnicas que ayuden a obtenerlas, es decir, que permitan recabar y analizar los datos obtenidos.

Para el seguimiento del proceso de enseñanza-aprendizaje, se pueden confeccionar diferentes tipos de instrumentos de evaluación, como pueden ser los cuestionarios y utilizar la observación directa, etc., si el tipo de formación lo permite (presencial o semipresencial). Estos instrumentos variarán según el tipo de datos que se quiera conseguir.

Un ejemplo de plantilla para recoger y analizar la información podría ser esta:

CURSO:		1º Módulo	2º Módulo	3ºMódulo
	Suficiente			
Objetivos del módulo	Insuficiente			
	Adecuado			
	Inadecuado			

Continúa en página siguiente >>

<< Viene de página anterior

CURSO:		1º Módulo	2º Módulo	3ºMódulo
Contenidos del módulo	Suficiente			
	Insuficiente			
	Adecuado			
	Inadecuado			
Metodología	Suficiente			
	Insuficiente			
	Adecuado			
	Inadecuado			
Actividades y recursos	Suficiente			
	Insuficiente			
	Adecuado			
	Inadecuado			
Recursos materiales	Suficiente			
	Insuficiente			
	Adecuado			
	Inadecuado			
Recursos humanos	Suficiente			
	Insuficiente			
	Adecuado			
	Inadecuado			
Proceso de evaluación	Suficiente			
	Insuficiente			
	Adecuado			
	Inadecuado			
Nivel de satisfacción del alumnado	Suficiente			
	Insuficiente			
	Adecuado			
	Inadecuado			

Para el seguimiento del aprendizaje, como la información que se obtiene es de diferente índole, se recogerá mediante la aplicación de las técnicas seleccionadas y elaboradas para la evaluación de cada uno de los aspectos planteados (observación directa de los trabajos, participación, cuestionarios acerca de la motivación y satisfacción del alumnado, etc.).

Por ejemplo, los contenidos que se podrían incluir en la "parrilla" de análisis son los siguientes:

CURSO		1er Módulo	2º Módulo	3er Módulo
Conceptos (comprende los contenidos conceptuales)	Con facilidad			
	Con normalidad			
	Con dificultad			
Procedimientos (aplica y desarrolla los contenidos procedimentales)	Con facilidad			
	Con normalidad			
	Con dificultad			
Actitudes (manifiesta las actitudes adecuadas a los contenidos)	Con facilidad			
	Con normalidad			
	Con dificultad			
Motivación y participación	Con facilidad			
	Con normalidad			
	Con dificultad			
Satisfacción del alumno	Con facilidad			
	Con normalidad			
	Con dificultad			

Dos de las herramientas básicas son:

- **Los diagramas de flujo:** éstos sirven para desglosar en forma de componentes, para presentar una clara imagen de lo que ocurre.
- **Los checklists:** éstos son especialmente útiles para garantizar que se han realizado todas las acciones necesarias. Es otro método de ayuda orientado a los formadores y participantes para preparar, utilizar y solucionar los problemas del equipamiento.

Otros métodos de seguimiento y control que pueden ayudar en la formación son:

- Las reuniones formales e informales.
- Pasar un informe de las sesiones, cuestionarios de satisfacción o formularios de evaluación del curso.
- Entrevistas de evaluación.

 **Recuerde**

Algunos de los instrumentos de seguimiento más utilizados son:

| Cuestionario de satisfacción
| Cuestionario de motivación
| Observación directa
| Reuniones formales e informales
| Entrevistas de evaluación

11. Metodología de la evaluación del diseño de formación

Los métodos empleados en la evaluación siempre suelen son los mismos, independientemente de que se evalúen los objetivos, los contenidos, los recursos, etc. A pesar de esto, hay que tener en cuenta que no se deben utilizar todos los métodos que se van a nombrar, sino que todo dependerá de lo que se esté evaluando.

Los métodos más frecuentes son:

- Observación sistemática.
- Observación mediante observadores externos o internos del grupo.
- Análisis de trabajo.
- Entrevistas personales.
- Situaciones de simulaciones.

- Diálogos, debates.
- Cuestionarios específicos.
- Inventarios.
- Grabaciones en vídeo.
- Etc.

11.1. Evaluación de los objetivos

Cuando se diseña el programa formativo, se deben concretar los objetivos que serán objeto de evaluación al finalizar el curso, para comprobar si éstos se han alcanzado o no.

Los objetivos marcan aquellos aspectos claves que debe adquirir el alumno para alcanzar unas competencias determinadas. Éstos determinarán lo que el alumno será capaz de saber y saber hacer al acabar el curso, en unas condiciones dadas y con unos medios determinados.

Si, al finalizar el curso, se observa que los objetivos no se han cumplido en su totalidad, hay que analizar cuál ha sido la causa de este error y corregirlos. Si se han cumplido los objetivos, habrá que determinar los motivos de éxito, para volver a ponerlos en práctica en futuros cursos.

Los objetivos marcados al inicio de la formación sirven para:

- Dirigir la formación, es decir, saber hacia dónde se quiere llegar con ésta.
- Comprobar qué se ha logrado.
- Facilitar la evaluación, ya que se sabe cuáles son los objetivos que hay que evaluar.
- Reorientar la formación en el mismo momento que se está realizando.
- Elegir los métodos más adecuados para la formación.

La evaluación de los objetivos debe medirse atendiendo a:

- **Objetivos generales:** son utilizados para saber cuáles son las competencias generales.
- **Objetivos específicos:** parten de los objetivos generales.

■ **Objetivos operativos:** son derivados de los específicos. Son objetivos más concretos y siempre deben estar relacionados con actividades u operaciones determinadas. Son los más fáciles de medir.

Ejemplo

Objetivos específicos para evaluar un curso de primeros auxilios:

❚ Aprender los conceptos básicos y generales de los primeros auxilios.
❚ Adquirir las habilidades y aplicar los principios de actuación para poder reaccionar adecuadamente en situaciones de urgencia.
❚ Conocer los aspectos jurídicos relacionados.

11.2. Evaluación de los contenidos

La evaluación de los contenidos se realizará para comprobar si los objetivos que se habían marcado al principio de la formación se han logrado, así como para eliminar aquellos contenidos que no aportan nada al curso.

Se debe tener siempre en cuenta que se puede lograr un mismo objetivo de formación utilizando diversos contenidos.

Para evaluar los contenidos, hay que comprobar si se ha seguido una secuencia lógica a la hora de impartirlos. Esta secuencia permite que los contenidos sean adquiridos por los alumnos de una manera más significativa, es decir, facilita el aprendizaje de los mismos.

Para que la evaluación de los contenidos resulte positiva, éstos deben ir expuestos:

■ De acuerdo con los objetivos propuestos y con los plazos previstos para conseguirlos.
■ De lo conocido a lo desconocido.

- De lo inmediato a lo remoto.
- De lo concreto a lo abstracto.
- De lo fácil a lo difícil.

Otro aspecto a tener en cuenta para que la evaluación de los contenidos sea positiva, es que éstos se deben estructurar adecuadamente, por ejemplo, mediante módulos, unidades didácticas, etc. Éstas tienen que abarcar los conocimientos, las habilidades y las actitudes que capacitan al alumno para poner en práctica las funciones que desempeñará en su puesto de trabajo. Por lo general, se pueden constituir equivalencias entre objetivos generales y cursos, objetivos específicos y módulos, unidades didácticas, etc. así como entre objetivos operativos y sesión formativa,.

 Ejemplo

Siguiendo el ejemplo anterior de primeros auxilios, los contenidos que se evaluarán para comprobar si se han logrado o no los objetivos anteriormente propuestos, son:

I Primeros auxilios: conceptos generales.
I Soporte vital básico (reanimación cardio-pulmonar)-adultos.
I Soporte vital básico-niños.
I Soporte vital instrumental.
I Traumatismos osteoarticulares. Inmovilizaciones (vendajes y férulas improvisadas).
I Movilización de urgencia y posiciones de espera.
I Traumatismos craneales y vertebro-medulares.
I Otras situaciones de emergencia.

11.3. Evaluación de la metodología

La evaluación de la metodología consiste en comprobar que los métodos que se han utilizado son los adecuados para lograr los objetivos formativos, aunque éstos deben ser flexibles a la hora de utilizarlos, ya que deben adaptarse a la materia tratada, a los alumnos, a los recursos disponibles, etc.

Para conseguir que la evaluación de la metodología sea positiva, se deben tener en cuenta las características que se emplean para definir un método. Éstas pueden ser:

- Presentar y mostrar la problemática del tema para que, a través de la reflexión y el esfuerzo, el alumno pueda resolverla.
- Respetar tanto la libertad de expresión como de creación.
- Las actividades que están destinadas al alumno tienen que ser dirigidas por el formador para que el alumno reflexione y participe.
- Motivar al alumno, relacionando los temas con sus intereses, motivaciones y necesidades.
- Organizar los nuevos aprendizajes para que se integren con los ya adquiridos.
- Tener en cuenta las limitaciones y las posibilidades que tiene cada alumno.
- Dar lugar a la acción individualizada a través de tareas que requieran planteamientos y acciones individualizadas.

11.4. Evaluación de actividades y recursos

Las **actividades** son unos elementos que acompañan a los contenidos formativos, ya que éstas refuerzan los contenidos que son expuestos por el formador. Siempre debe existir coordinación entre ambos, para esto se deben seleccionar adecuadamente tanto los métodos como las técnicas.

Para evaluar las diversas actividades que se han desarrollado, hay que formular una serie de preguntas para saber si las actividades han sido eficaces o han fallado en su ejecución. Algunas de estas preguntas pueden ser:

- ¿Qué ha hecho el alumno?
- ¿Ha sabido aplicar los conocimientos necesarios para lograr resolver las actividades?
- ¿Valora y comprende la finalidad de la actividad?
- ¿Ha mostrado interés en la realización de la misma?
- ¿Qué ha aprendido?
- ¿Han sido válidas las actividades?

- ¿Cuáles han fallado? ¿Por qué?
- ¿Se han alcanzado los objetivos?
- Etc.

Junto con las actividades, los recursos también tienen que ser evaluados, ya que de ellos va a depender en cierta manera la eficacia de las actividades. Por eso, en la evaluación de los recursos hay que tener en cuenta la eficacia de aquellos que se han utilizado y cuáles son los que se hubieran necesitado para desarrollar el curso.

Se pueden distinguir varios criterios para evaluar la eficacia de los recursos:

- Su calidad, porque actúa como mediador entre la realidad y la estructura cognitiva del alumno.
- El contexto metodológico, ya que todo va a depender de la metodología usada por el formador.
- Los propios alumnos, sus motivaciones, intereses, etc.
- La experiencia del formador en el manejo de los diversos recursos, sus habilidades, etc.

También es necesario tener en cuenta qué evaluar de los recursos:

- La rentabilidad de éstos.
- El aprovechamiento para distintas finalidades.
- El mantenimiento.
- La actualización, deben adaptarse a las nuevas tecnologías.
- La adecuación al proceso de enseñanza-aprendizaje.
- Posibilitar la acción, estimular y responder a las curiosidades presentes en el alumnado.

11.5. Evaluación del formador

La figura del formador es muy importante a lo largo de todo el proceso formativo, ya que, en cierta manera, el éxito o el fracaso de la formación recae sobre él, por lo tanto, es imprescindible conocer previamente a la persona que va a impartir un curso.

El formador es el mediador entre los contenidos y los alumnos, por lo que debe evaluarse de forma continua y a lo largo de todo el proceso de enseñanza-aprendizaje, así como al final del proceso, momento en que se comprobará si los métodos y estrategias que ha diseñado y utilizado han sido los adecuados, introduciendo posibles modificaciones para las prácticas futuras.

La evaluación del formador se puede realizar desde varias vertientes, en cada una de ellas se evalúan aspectos diferentes, pero todas persiguen el mismo fin, que es fomentar la calidad de la formación.

Evaluación realizada por los alumnos

Los alumnos pueden evaluar aspectos como la relación del formador con los alumnos, la organización de las sesiones, el control de clase, la efectividad de la enseñanza, etc.

En la siguiente tabla se muestra un cuestionario a modo de ejemplo:

Marque la opción que más se adecúe a las características que prevalecieron a lo largo del curso

---

1. Las oportunidades que tuve para realizar preguntas en clase fueron:
   a. Frecuentes
   b. Regulares
   c. Escasas
   d. Muy escasas

---

2. El interés que mostró el formador respecto a los alumnos fue:
   a. Satisfactorio
   b. Regular
   c. Poco
   d. Muy pobre

---

3. El clima existente en el aula fue:
   a. Bueno
   b. Regular
   c. Tenso
   d. Malo

Continúa en página siguiente >>

<< Viene de página anterior

Marque la opción que más se adecúe a las características que prevalecieron a lo largo del curso

4. En la prueba final se evaluaban los contenidos dados a lo largo del curso:
   a. Sí
   b. No

5. El material presentado en el curso fue:
   a. Original
   b. Poco original
   c. Nada original

6. Las actividades que realicé para asimilar los contenidos fueron:
   a. Útiles
   b. Regulares
   c. Pobres
   d. Inútiles

7. El contenido marcado para el curso se expuso en su totalidad:
   a. Sí
   b. No

8. El grupo de alumnos afectó a mi aprendizaje:
   a. De manera positiva
   b. De manera negativa
   c. No me afectó

9. El material audiovisual me pareció:
   a. Atractivo
   b. Regular
   c. Inadecuado

10. Los procesos, problemas y soluciones experimentados en el trabajo en grupo fueron:
    a. Bien planteados
    b. Regular planteados
    c. Mal planteados

11. Las exposiciones por parte del docente me parecieron:
    a. Buenas
    b. Regulares
    c. Malas

Continúa en página siguiente >>

<< Viene de página anterior

Marque la opción que más se adecúe a las características que prevalecieron a lo largo del curso

12. La actuación del profesor durante el curso evidenció:
    a. Un elevado conocimiento de la materia
    b. Un mediano conocimiento
    c. Un escaso conocimiento

13. El profesor supo controlar las conductas perturbadoras sucedidas a lo largo del curso de forma:
    a. Eficaz
    b. Regular
    c. Ineficaz

14. El ritmo que siguió el profesor al exponer los contenidos me pareció:
    a. Muy bueno
    b. Satisfactorio
    c. Monótono

15. La secuencia de presentación de los contenidos del curso fue:
    a. Lógica
    b. Regular
    c. Arbitraria

16. La actuación del profesor despertó interés y motivación:
    a. Muchas veces
    b. Algunas veces
    c. Pocas veces
    d. Ninguna vez

Evaluación realizada por el propio formador

En esta evaluación, el formador va a evaluar la preparación del curso, el desarrollo del mismo, y también realizará una evaluación propia de su actuación como formador.

En la siguiente tabla se muestra un cuestionario a modo de ejemplo:

Marque la opción que más se adecúe a las características que prevalecieron a lo largo del curso

A. PREPARACIÓN DEL CURSO

1. ¿Cómo ha sido el tiempo con el que ha contado?
    a. Suficiente
    b. Insuficiente

¿Por qué? _____

2. ¿Cómo considera la distribución de las sesiones del curso?
    a. Adecuadas
    b. Inadecuadas

¿Por qué? _____

3. ¿Ha dispuesto de las guías didácticas del curso?
    a. Sí
    b. No

¿Por qué? _____

4. ¿Ha dispuesto de los recursos necesarios para la preparación de sus sesiones?
    a. Sí
    b. No

¿Cuáles le han hecho falta? _____

5. Teniendo en cuenta su nivel de formación, ¿ha necesitado apoyo por parte de la dirección del curso?
    a. Sí
    b. No

¿Cómo ha sido el apoyo? _____

B. DESARROLLO DEL CURSO

6. ¿El desarrollo de las sesiones (distribución y tiempo) se ha correspondido con la planificación prevista?
    a. Sí
    b. No

7. ¿La metodología utilizada para el desarrollo de las sesiones ha propiciado la participación e implicación del alumnado?
    a. Sí
    b. No

¿Por qué? _____

Continúa en página siguiente >>

<< Viene de página anterior

Marque la opción que más se adecúe a las características que prevalecieron a lo largo de curso

8. ¿Considera que el clima del curso ha sido el adecuado?
   a. Sí
   b. No

¿Por qué? _____

9. ¿El contexto donde se ha desarrollado el curso ha sido adecuado y oportuno?
   a. Sí
   b. No

¿Por qué? _____

10. ¿Ha conseguido los objetivos propuestos?
    a. Sí
    b. No

¿Por qué? _____

C. AUTOEVALUACIÓN

11. Evalúe de 1 a 4 los siguientes apartados relacionados con su intervención como formador, donde:
    1. Considero imprescindible mejorar mi formación en este aspecto.
    2. Considero necesario mejorar mi formación en este aspecto.
    3. Cuento con recursos necesarios para el desarrollo ajustado del curso, pero podría encontrar dificultades si éste cambia el rumbo prefijado.
    4. Mi formación al respecto es adecuada y dispongo de recursos suficientes para el desarrollo óptimo del curso.

	1	2	3	4
Dominio de los contenidos				
Metodología/didáctica empleada				
Comunicación con el alumnado				
Trabajo en equipo				

D. AMPLIACIÓN

Puede anotar a continuación cualquier aportación que desee realizar y no haya sido considerada en este cuestionario.

_____

_____

11.6. Tipos de evaluación

Existen diferentes tipos de evaluación, cada una se aplicará atendiendo a diferentes criterios.

Según su finalidad o función de la evaluación

Diagnóstica

Esta evaluación, como su nombre indica, tiene un carácter diagnóstico, ya que permite que se conozcan las potencialidades del alumno. De esta manera, la actividad didáctica se dirige de forma más efectiva.

Formativa

Se utiliza como estrategia para mejorar y ajustar los procesos formativos en el momento que se están llevando a cabo, para alcanzar las metas y los objetivos marcados. La evaluación formativa es aplicable a la evaluación de procesos.

Sumativa

Se aplica a la evaluación de productos terminados, es decir, se sitúa concretamente cuando finaliza un proceso, cuando éste se considera acabado. Su propósito es determinar el grado en que se han conseguido los objetivos establecidos, para evaluar de forma positiva o negativa el resultado. Esta evaluación permite tomar medidas tanto a medio como a largo plazo.

Según el momento de aplicación de la evaluación

Inicial

Se produce al principio del proceso de enseñanza-aprendizaje. La función que tiene la evaluación inicial es identificar el nivel de conocimientos que tienen los alumnos que inician un curso y, de esta manera, comprobar si los alumnos cuentan con los conocimientos necesarios para comenzarlo, y determinar si es posible impartirlo de acuerdo al programa formativo o si se requiere alguna modificación.

Procesual

La evaluación procesual se basa en valorar, de forma continua, el aprendizaje de los alumnos y la enseñanza del profesor, a través de la recogida sistemática de datos, toma de decisiones, etc.

La evaluación procesual es totalmente formativa, ya que, al favorecer la recogida continua de datos, permite tomar decisiones en el mismo momento que se considere necesario.

Los resultados que se obtienen forman la base permanente para el formador a la hora de programar las actividades diarias, así como para establecer las actividades y los procedimientos más apropiados. De esta manera, se evitan las dificultades que se puedan producir en los aprendizajes que se están llevando a cabo. La finalidad de todo esto es evitar errores y vacíos en los aprendizajes posteriores.

Final

La evaluación final es aquella que se realiza al finalizar la formación, por lo tanto ésta recoge y valora los resultados obtenidos a lo largo de un periodo formativo.

Según su extensión

Global

Tiene en cuenta todos los elementos y procesos que guardan relación con todo lo que es objeto de evaluación. Por ejemplo, si se trata de evaluar el proceso de aprendizaje de los alumnos, esta evaluación se centra en todas las áreas en general, pero sobre todo en los diversos tipos de contenidos de enseñanza (conceptos, procedimientos, valores, normas, etc.).

Parcial

Esta evaluación no se realiza de manera global, sino que se lleva a cabo por partes, es decir, evalúa los componentes que más interesan.

Según los agentes que realizan la evaluación

Autoevaluación o evaluación interna

Es el proceso sistemático mediante el cual una persona o grupo examina y valora sus procedimientos, comportamientos y resultados, para identificar qué quiere corregir o modificar en él. La evaluación interna muestra que los alumnos están más motivados a la hora de realizar una tarea difícil. La puesta en práctica de la autoevaluación no conlleva que el profesorado abandone sus funciones, sino que implica una concepción diferente de la enseñanza.

La autoevaluación ofrece al estudiante ayuda para descubrir sus necesidades, cantidad y calidad de su aprendizaje, causas de sus problemas, dificultades y éxitos en el estudio. De esta manera, el alumno puede conocerse de manera más concreta.

Heteroevaluación o evaluación externa

La evaluación externa es realizada o llevada a cabo por otra persona que no es el protagonista del aprendizaje. En esta evaluación, lo más frecuente es que el profesor evalúe al alumno.

TIPOS DE EVALUACIÓN	
Según su finalidad o función	- Diagnóstica - Formativa - Sumativa

Continúa en página siguiente >>

<< Viene de página anterior

TIPOS DE EVALUACIÓN

Según su momento de aplicación	- Inicial - Procesual - Final
Según su extensión	- Global - Parcial
Según los agentes que la realizan	- Autoevaluación o evaluación interna - Heteroevaluación o evaluación externa

Solucionarios de ejercicios de repaso y autoevaluación

Contenido

Solucionario 1

Ofertas de repostería, aprovisionamiento interno y control de consumos

Solucionario Capítulo 1

1. **Relacione cada puesto de trabajo con una de sus funciones correspondientes.**

   a. Gerente
   b. Dependiente
   c. Oficial pastelero
   d. Ayudante de pastelero
   e. Jefe de calidad y control
   f. Encargado de tienda
   g. Maestro obrador

   d. Colabora en la realización de productos.
   e. Implantar un sistema APPCC.
   a. Planificar la posición estratégica frente a competidores.
   f. Supervisar la política de compras, ventas, proveedores, etc.
   b. Atender y aconsejar al cliente.
   g. Planificar la oferta.
   c. Confeccionar los productos de la oferta.

2. **¿Cuál de las siguientes son características de un distribuidor de pastelería?**

   a. **Puede o no tener obrador entre sus instalaciones.**
   b. Debe contar con al menos una red de distribución de ámbito nacional.
   c. Debe respetar lo establecido en el Real Decreto 1398/2010.
   d. Las opciones a y c son correctas.

3. **Defina el concepto de pastelería tradicional.**

   El término pastelería tradicional designa y define al tipo de establecimiento que integra el obrador o taller y la tienda donde se vende u ofrece el producto dentro de un mismo recinto.

4. **Indique si las siguientes afirmaciones son verdaderas o falsas.**

   a. Los productos de pastelería son productos que se suelen comprar por impulso, no son considerados de primera necesidad.

   ☑ **Verdadero**
   ☐ Falso

b. El coste materia prima de un establecimiento de pastelería es de los menos importantes que se producen.

☐ Verdadero
☑ **Falso**

c. Los principios de Omnes es uno de los métodos utilizados para la fijación de precios de los productos.

☑ **Verdadero**
☐ Falso

5. Complete las funciones del oficial pastelero.

▮ Colabora y sustituye al maestro obrador en caso de que sea necesario.
▮ Programa y confecciona los productos para satisfacer al cliente y a los objetivos de la empresa.
▮ Recepciona y almacena de las materias primas.
▮ Participa en la decoración y montaje de expositores.
▮ Realiza las tareas de envasado y conservación de las elaboraciones.
▮ Lleva a cabo un control de consumos con el fin de controlar los costes.

6. ¿Qué reglamento o normativa tipifica los establecimientos y formulas de restauración?

a. **Real Decreto 475/2007, de 13 de abril de 2007.**
b. Normativa 14/2011, de 8 de marzo.
c. Real Decreto 74/1985, de 18 de octubre.
d. Reglamento (CE) 12/1983.

7. La pastelería tradicional se caracteriza por...

a. ... no tener que cumplir las normativas actuales, en cuanto a manipulación y producción.
b. **... integrar en el mismo establecimiento el obrador o taller y la tienda donde se vende el producto.**
c. ... su reducido tamaño y trato.
d. ... no contar con dependencias aisladas para diferenciar los distintos departamentos.

8. ¿Cuál de las siguientes afirmaciones es falsa?

    a. La industria pastelera solo comercializa productos listos para el consumo.

    b. El distribuidor de pastelería permite la distribución de los productos desde el obrador a centros de ventas como grandes superficies.

    c. El reparto o distribución de los productos de pastelería se debe realizar atendiendo a las normas de seguridad e higiene establecidas por la normativa vigente.

    d. Los establecimientos especializados son aquellos que rinden homenaje y comercializan de forma principal un producto, pudiéndose complementar con otro tipo de oferta.

9. Defina el concepto de *drug-store*.

El *drug-store* el establecimiento que abre las veinticuatro horas al día y todos los días de la semana ofreciendo un servicio similar al de cafetería adicionado con la venta de otros productos típicos de supermercado y productos listos para el consumo.

10. Complete el siguiente gráfico, donde se refleja la estructura organizativa de una posible plantilla dc un establecimiento de pastelería repostería.

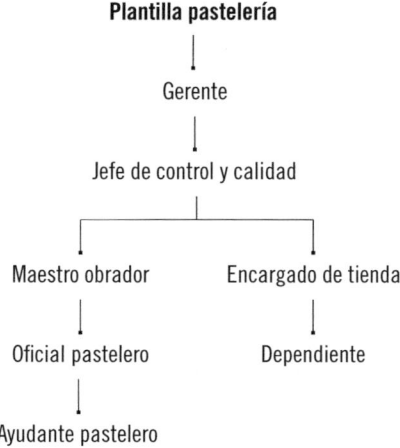

Solucionario Capítulo 2

1. **Son, entre otros, productos de confitería, los...**

   a. ... turrones, cocas y empanadas.
   b. ... *croissant,* caracolas, bombones y hojaldres
   c. ... **bombones, caramelos y turrones.**
   d. ... caramelos y bollería francesa principalmente.

2. **Defina el concepto de insumo y ponga un ejemplo.**

   INSUMO: Conjunto de bienes empleados en la producción de otros bienes.

   EJEMPLOS DE INSUMOS: Harina, huevo, azúcar, almendra, agua, mantequilla, etc. (materia prima en general).

3. **Relacione según sean aspectos internos o externos a tener en cuenta a la hora de la elaboración de la oferta de un establecimiento.**

   a. Aspectos internos
   b. Aspectos externos

   b. Categoría
   a. Sistema productivo
   b. Ubicación
   a. Equipamiento
   a. Espacio
   b. Tipo de clientela
   a. *Marketing*

4. **Las técnicas de *neuromarketing* aconsejan...**

   a. ... **poner un precio alto para que los demás parezcan más bajos.**
   b. ... no utilizar técnicas de *eye tracking.*
   c. ... alinear los precios para causar efecto de escáner.
   d. ... no describir el producto.

5. Indique al menos tres funciones que debe cumplir un correcto aprovisionamiento.

■ Adquirir la materia prima necesaria.
■ Tener un correcto control de *stock*.
■ Control total sobre costos.

6. Las cocas, quiches y empanadas se relacionan con...

a. ... la oferta de productos salados de una pastelería.
b. ... productos de baja calidad servidos como entrante.
c. ... elaboraciones tradicionales mallorquinas.
d. ... postres bajos en calorías debido a la ausencia de azúcar.

7. Señale si son verdaderas o falsas las siguientes afirmaciones.

a. El posicionamiento de un producto es la imagen que tienen los consumidores de los productos ofrecidos, marca o establecimiento.

☐ Verdadero
☑ **Falso**

b. La cualificación del personal de un obrador no forma parte de los aspectos internos del mismo.

☐ Verdadero
☑ **Falso**

c. Algunos de los productos ofrecidos en las pastelerías y reposterías son los helados, confituras y gelatinas entre otras.

☑ **Verdadero**
☐ Falso

8. Complete la siguiente oración.

Se consideran como productos de **confitería** a las elaboraciones cuyo ingrediente principal en su formulación es el **azúcar,** junto con otros productos comestibles, obteniendo como elaboraciones más características los bombones, mazapanes, **caramelos** y turrones, entre otros.

9. Son productos de bollería y masas finas...

    a. ... los que tienen como ingrediente principal en su formulación la harina, complementada con otros ingredientes como son el agua, leche, levaduras y huevos.

    b. ... los bombones y caramelos, rellenos o no, siempre acompañados de glaseado.

    c. ... los productos de pastelería que presentan una previa fermentación.

    d. Las opciones a y b son correctas.

10. Sopa de letras. Encuentre cinco productos de repostería de los estudiados en el capítulo e indique a qué grupo pertenecen.

Q	O	Y	L	E	L	D	X	O	L
M	H	T	E	O	X	Ñ	D	O	G
A	C	R	O	I	S	S	A	N	T
Z	F	E	T	T	H	I	Y	G	Z
A	E	C	Y	Ñ	S	O	W	L	Ñ
P	H	O	J	A	L	D	R	E	D
A	Z	C	S	W	I	G	S	D	E
N	H	A	I	E	D	O	Z	L	S
C	O	N	F	I	T	U	R	A	Z
W	S	F	T	Y	O	H	X	O	E

Producto de confitería:

I Producto de bollería: MAZAPÁN
I Producto de pastelería: *CROISSANT, HOJALDRE*
I Producto salado: COCA
I Otros productos: CONFITURA

 **Solucionario Capítulo 3**

1. **Son documentos propios del aprovisionamiento interno, entre otros...**

   a. ... las facturas y albaranes.
   b. ... los escandallos y fichas técnicas.
   c. **... los vales de pedido y transfer.**
   d. Todos son documentos de pedido interno.

2. **Señale si son verdaderas o falsas las siguientes afirmaciones.**

   a. El diseño y construcción del economato–bodega no deberá tener en cuenta las condiciones higiénico-sanitarias por no ser un lugar de producción y transformación de alimentos.

      ☐ Verdadero
      ☑ **Falso**

   b. Son alimentos no perecederos la leche, los huevos y el azúcar.

      ☐ Verdadero
      ☑ **Falso**

   c. El periodo aproximado de conservación de los productos semiperecederos es de uno a tres meses.

      ☑ **Verdadero**
      ☐ Falso

3. **Cite o enumere el personal integrante en el Departamento de Economato-bodega, suponiendo que existe un gran volumen de trabajo.**

   El personal integrante estará compuesto principalmente por el jefe de Economato y el mozo de almacén que aliviará el trabajo duro de este, pudiéndose emplear en tareas administrativas.

4. Indique cuáles de las siguientes son premisas para la elección de un proveedor.

Stock máximo.
Servicio.
Tamaño del almacén.
Política financiera.
Calidad.
Precio.
Previsión de clientes.

5. Cite al menos dos ventajas de contar con un proveedor único para el servicio de nuestro aprovisionamiento.

Permite una línea de descuentos y bonificaciones en los precios.
Hace más simple el trabajo administrativo.
Se establece un servicio más personalizado debido a una relación de confianza.

6. La emisión de un pedido interno se podrá realizar en función de la política de la empresa, vía...

    a. ... comunicación telefónica.
    b. ... hojas de pedido.
    c. ... Internet o correo interno.
    d. Todas las opciones son correctas.

7. **Sopa de letras. Encuentre las fases que se diferencian en el proceso de recepción de una mercancía.**

D	H	G	Z	V	Z	X	G	M	I	U	D	B	Ñ	I	V	Q
F	B	A	L	M	A	C	E	N	A	M	I	E	N	T	O	J
C	F	Z	M	V	W	G	S	M	U	C	S	Ñ	Q	V	B	J
A	I	D	I	L	I	P	J	V	F	Q	T	U	V	A	A	O
B	Q	M	A	X	E	F	Y	M	U	L	R	B	U	N	Q	D
D	C	H	A	C	R	E	C	E	P	C	I	O	N	T	D	J
V	A	C	C	W	H		Q	I	I	L	B	D	O	O	J	D
L	B	I	S	C	I	U	J	W	W	A	U	Ñ	U	N	B	D
D	O	I	B	D	B	L	C	F	H	A	C	A	D	I	O	A
N	I	X	W	M	S	U	S	A	N	A	I	U	J	O	D	O
L	LL	D	I	Z	C	A	C	I	I	M	O	B	M	B	M	A
L	Z	L	Z	Y	L	U	F	V	W	H	N	I	L	O	L	A

8. **Relacione las formas de emisión de un albarán con su destinatario.**

    a. Original
    b. Duplicado
    c. Triplicado

    c. Para la empresa de transporte.
    a. Para el comprador.
    b. Para el vendedor.

9. **Defina el concepto de *Transfer*.**

Los *transfers* son documentos de pedido o solicitud entre departamentos, controlando los movimientos de materias primas entre partidas.

10. El *stock* de seguridad se define como...

    a. ... la cantidad de productos que se reservan para hacer frente a imprevistos mayores de consumo o a retrasos en la entrega de un pedido.

    b. ... el *stock* total, siendo la mayor cantidad de almacenamiento de productos permitidos en el establecimiento.

    c. ... la cantidad total de productos necesarios para atender las necesidades del establecimiento.

    d. ... la cantidad de producto que se gasta ante la petición de un pedido.

Solucionario Capítulo 4

1. **Indique cuál de las siguientes respuestas es correcta.**

   Según su imputación, se distinguen...

   a. ... costes fijos y variables.
   b. ... costes fijos y directos.
   c. ... costes directos e indirectos.
   d. ... costes directos y variables.

2. **Enumere los componentes que forman el precio.**

   ▪ Ingresos por ventas.
   ▪ Coste de materia prima o *food cost.*
   ▪ Margen bruto de explotación.
   ▪ Coste de personal.
   ▪ Coste de producción o *prime cost.*
   ▪ Costes generales.
   ▪ Beneficio neto.

3. **La manera de obtener el margen bruto de explotación es:**

   a. Restando el coste de personal a los ingresos por ventas.
   b. Sumando los costes de materia prima a los ingresos por ventas.
   c. Restando el coste de producción a los ingresos por ventas.
   d. Restando el coste de materia prima a los ingresos por ventas.

4. **Complete la siguiente tabla con los porcentajes que representa cada uno de los componentes.**

Ingresos por ventas	100 %
Costes de materia prima	35-45 %
Costes de personal	25-40 %
Gastos generales	12 %
Beneficio neto	20 %

5. Relacione cada principio de Omnes con el aspecto del que trata.

    a. 1.er principio.
    b. 2.º principio.
    c. 3.er principio.
    d. 4.º principio.

    b. Amplitud de la gama.
    d. Promoción de productos.
    a. Dispersión de los precios de una gama.
    c. Relación demanda/oferta o calidad/precio.

6. Responda si las siguientes afirmaciones son verdaderas o falsas.

    a. El *prime cost* o coste de fabricación es el resultado de sumar los costes de materia prima y los costes generales.

        ☐ Verdadero
        ☑ **Falso**

    b. Los métodos de fijación de precios de tipo *direct cost* consideran todos los costes, tanto fijos como variables.

        ☐ Verdadero
        ☑ **Falso**

7. Para hallar el coeficiente multiplicador se aplica la siguiente fórmula:

Coeficiente multiplicador = 100 % / porcentaje del coste

8. ¿Qué medidas tomaría con un producto de su oferta el cual tiene una popularidad alta pero un margen bruto de explotación bajo?

    a. Eliminarlo de la oferta.
    b. Intentar reducir la porción o tamaño.
    c. Posicionarlo en un sitio atractivo de la carta.
    d. Todas las opciones son correctas.

9. **Complete la siguiente frase en relación con el primer principio de Omnes.**

Se divide el número de artículos de cada gama en tres partes iguales, según su precio: bajo, medio y alto. El número de artículos comprendidos en el grupo **medio** de precios debe ser **igual** o **superior** a la suma de los comprendidos en el grupo **bajo** y alto.

10. **Teniendo los siguientes datos, ¿cuál será el coeficiente multiplicador y el precio de venta teórico de este artículo aplicando el coeficiente multiplicador sobre el coste de producción?**

- Coste unitario materia prima: 1,40 € (40 %).
- Coste unitario personal: 1,12 € (32 %).
- Costes generales: 0,31 € (9 %).

> Coeficiente multiplicador = 100 % / 72 % = 1,39
>
> Pv = (1,40 + 1,12) x 1,39 = 3,50 €

Solucionario Capítulo 5

1. **Explique brevemente en qué consiste cada una de las fases del proceso de nutrición.**

   - La digestión tiene como función transformar los alimentos en sustancias más sencillas dentro del tubo digestivo.
   - En la absorción, las sustancias pasan a la pared intestinal, encontrándose allí con una red de capilares sanguíneos y linfáticos que transportarán las cargas de nutrientes a los tejidos.
   - La utilización o metabolismo son las reacciones bioquímicas que permiten al organismo realizar sus funciones vitales.

2. **Complete las siguientes oraciones.**

   La alimentación es un proceso **preoral, voluntario** y **educable** a través del cual el ser humano toma e introduce en su organismo productos del mundo exterior, naturales o **transformados,** conocidos con el nombre de **alimentos.**

   La nutrición es un proceso **postoral, no educable** e **involuntario,** mediante el cual el organismo transforma, utiliza e **incorpora** las sustancias químicas contenidas en los alimentos.

3. **La función catabólica del metabolismo...**

   a. ... se realiza mediante procesos de reducción y utilización.
   b. ... responde a procesos de metabolización.
   c. **... responde a procesos de degradación u oxidación.**
   d. Todas las opciones son incorrectas.

4. **Indique si las siguientes afirmaciones son verdaderas o falsas.**

   a. La castaña es el fruto seco con mayor contenido en grasa.

   ☐ Verdadero
   ☑ **Falso**

   b. El plátano es una de las frutas que menor cantidad de carbohidratos aporta.

   ☐ Verdadero
   ☑ **Falso**

5. Indique el grupo al que pertenecen los siguientes alimentos:

ALIMENTO	GRUPO
Queso fresco	1
Pollo	2
Pan	6
Aceite oliva	7
Zanahoria	4

6. Las frutas...

    a. ... proporcionan, minerales, fibra y vitaminas.
    b. ... tienen un porcentaje de agua que oscila entre el 80 y el 90 % de su peso.
    c. ... funcionan como alimento regulador.
    d. Todas las opciones son correctas.

7. Relacione cada sustancia nutritiva con la función principal que ejerce en el organismo.

    a. Regulador
    b. Estructural
    c. Energético

    c. Carbohidratos
    c. Grasas
    b. Proteínas
    a. Vitaminas
    a. Minerales

8. Los elementos que el organismo necesita en grandes cantidades son:

    a. Microelementos.
    b. Macroelementos.
    c. Sustancias minerales.
    d. Prótidos.

9. **Indique algunos sustitutos posibles de la leche y la mantequilla a la hora de realizar ofertas de repostería dirigidas a personas intolerantes a la lactosa.**

Para sustituir la leche:

- Bebidas vegetales como por ejemplo de soja, de avena, de sésamo, etc.
- Zumos naturales.

Para sustituir la mantequilla:

- Aceite de oliva.
- Aceite de girasol.
- Margarinas vegetales.

10. **¿A quién está dirigida la restauración colectiva?**

Está dirigida a un número determinado de clientes muy superior al ámbito familiar, que por el ritmo de vida, su trabajo u otros aspectos, no pueden desplazarse para alimentarse, teniendo que hacerlo en el mismo lugar de trabajo, residencia o estudio.

Solucionario Capítulo 6

1. **¿Cuál es el principal objetivo de la implantación de un control de calidad?**

    a. Asegurar que los sistemas de producción implicados en el desarrollo de una actividad sean los idóneos.
    b. Obtener precios bajos demandados por el cliente.
    c. El uso de materia prima excelente, pese a sus altos costos.
    d. Reducir mermas en beneficio de la productividad.

2. **Complete la siguiente afirmación.**

    Toda empresa que defiende la implantación de un **sistema de calidad,** define la correcta gestión de los productos y **servicios,** no estando la calidad relacionada con el **lujo,** pues un producto de calidad, no tiene por qué ser caro.

3. **Enumere al menos tres criterios a considerar en el diseño de un sistema de asegu-ramiento de la calidad.**

    ▐ Selección de personal.
    ▐ Selección de equipos.
    ▐ Distribución de espacios.

4. **¿Qué implica un correcto control de procesos impuesto por un sistema de asegura-miento de la calidad?**

    Implica que los productos servidos deben corresponder en todo momento al producto diseñado, utilizando en todo momento los productos establecidos y las transformaciones indicadas, asegurando que el producto sea correcto durante su almacenamiento, exposición y venta.

5. **Cite o enumere cuatro aspectos externos que debe considerar un correcto asegura-miento de la calidad.**

    ▐ Transporte.
    ▐ Elección de proveedor.
    ▐ Retirada de desperdicios.
    ▐ Proceso de limpieza.

6. ¿Cuál de las siguientes afirmaciones es correcta?

a. Un cliente satisfecho se convierte en el peor medio publicitario de la empresa.

b. Los clientes son la parte fundamental del negocio, dependiendo directamente de él.

c. En los productos de repostería el sentido a destacar es el oído, complementándose con el olfato.

d. Todas las opciones son correctas.

7. Sopa de letras. Encuentre las palabras que forman el acrónimo FAO y OMS.

D	T	U	E	T	U	D	Y	A	U	A	O	U
O	R	G	A	N	I	Z	A	C	I	O	N	R
M	T	E	T	H	E	H	I	I	Y	A	E	E
U	F	O	O	D	D	I	U	W	U	W	D	T
N	Y	E	G	A	O	W	T	A	A	E	D	I
D	W	D	Q	O	R	O	D	Y	W	T	I	D
I	B	E	G	A	E	Q	U	D	I	E	D	O
A	G	R	I	C	U	L	T	U	R	E	H	R
L	U	A	I	D	Q	T	G	L	I	H	A	T
W	O	R	G	A	N	I	Z	A	T	I	O	N
Y	H	O	Q	I	D	A	D	S	T	I	Q	A

■ **FAO: Food and Agriculture Organization.**

■ **OMS: Organización Mundial de la Salud.**

8. ¿Qué es el *Codex Alimentarius?*

Conjunto de recomendaciones, guías, estándares y prácticas relativas a la seguridad alimentaria posibilitando o persiguiendo proteger la salud de los consumidores.

9. ¿Qué significan las siglas APPCC?

Análisis de peligros y puntos de control críticos.

10. ¿La formación de los trabajadores está considerada como una actividad de prevención?

    a. Sí.
    b. No.

Solucionario 2
Elaboración de masas y pastas de pastelería-repostería

Solucionario capítulo 1

1. ¿De quién depende la organización de la partida de pastelería?

   a. Del director.
   b. Del jefe de compras.
   c. Del jefe de economato.
   d. Del jefe de cocina o del jefe de obrador.

2. Coordinar y controlar el trabajo del obrador es una tarea del...

   a. ... jefe de pastelería.
   b. ... oficial de primera.
   c. ... heladero.
   d. ... dueño de la pastelería-panadería.

3. El oficial de primera de un obrador de pastelería...

   a. ... hace las veces del jefe cuando este no está.
   b. ... se encarga de reponer los géneros necesarios para la puesta a punto del servicio.
   c. ... se encarga de poner a punto la maquinaria, para empezar la jornada laboral.
   d. ... no existe esta categoría profesional en pastelería.

4. Se dice que un proveedor tiene solvencia cuando...

   a. ... garantiza en todo momento el servicio del producto.
   b. ... sirve el género bien refrigerado.
   c. ... sirve el género con la fecha de caducidad correcta.
   d. ... no pone inconvenientes a la hora de servir el pedido.

5. Se puede entender como preelaboraciones...

   a. ... poner los géneros en remojo.
   b. ... poner los géneros en descongelación.
   c. ... poner los géneros a 100 °C.
   d. ...poner un producto recibido del proveedor en condiciones de poder elaborarlo.

6. ¿Qué es una operación básica de pastelería?

    a. Aquella que lleva gran cantidad de huevos.
    b. Aquella que va a servir para elaborar otras más complejas.
    c. Aquellas que después de hacerlas se envasan al vacío.
    d. Aquellas que se utilizan en decoración.

7. Son operaciones básicas...

    a. ... batir, mezclar, amasar.
    b. ... cocer, laminar, decorar.
    c. ... freír, espolvorear, gratinar.
    d. ... ninguna de las mencionadas son operaciones básicas de pastelería.

8. El vale de pedido se utiliza como...

    a. ... documento para pedir géneros perecederos.
    b. ... documento para hacer pedido directamente a los proveedores.
    c. ... documento donde se anotan las incidencias ocurridas durante la jornada.
    d. ... documento interno utilizado entre los departamentos.

9. ¿Qué es un alimento perecedero?

    a. Aquel que no precisa de conservación.
    b. Alimento rico en hidratos de carbono.
    c. Aquel que debe tener un tratamiento térmico antes de utilizarlo.
    d. Aquel que comienza la descomposición de forma rápida y sencilla.

10. ¿Qué es un albarán?

    a. Un documento para llevar el control de la gestión del economato.
    b. Un documento que utiliza el jefe de obrador para hacer pedidos al almacén.
    c. Una elaboración básica de múltiples aplicaciones.
    d. Es un documento mercantil que acredita la entrega de un pedido.

Solucionario capítulo 2

1. ¿Qué significa batir?

    a. Cocer a temperaturas muy altas.
    b. Cocer a temperaturas muy bajas.
    c. Mezclar ingredientes a determinada temperatura.
    d. Revolver alguna sustancia para que se condense o trabe, o para que se licue o disuelva.

2. La espiral de una batidora se utiliza para...

    a. ... airear la masa.
    b. ... cortar la masa en triángulos.
    c. ... decorar la masa.
    d. ... amasar con gran energía presionando la masa hacia abajo.

3. ¿Para qué se utiliza la amasadora de brazos?

    a. Para amasar harinas de fuerza.
    b. Para amasar harinas con líquidos, simulando el movimiento de los brazos del operario.
    c. Montar las claras de los huevos.
    d. Laminar las masas y que queden finas.

4. La función de tamizar se realiza para...

    a. ... eliminar grumos y retener impurezas.
    b. ... dar consistencia al producto tamizado.
    c. ... no es importante esta tarea en la pastelería-repostería.
    d. ... que el hojaldre, al cocerlo, sea más crujiente.

5. ¿Cuál es el uso de las latas de pastelería?

    a. Fermentar las masas.

    b. Se emplea como soporte en las elaboraciones que van al horno.

    c. Se emplea como soporte en las elaboraciones que van al refrigerador.

    d. Con ellas se elaboran los semifríos.

6. Los moldes de pastelería tiene como función...

    a. ... dar elasticidad y sabor al preparado.

    b. ... elaborar en frío.

    c. ... dar forma a los preparados durante su elaboración, bien sea en caliente o en frío.

    d. ... cocer a temperaturas de 180 °C.

7. ¿Qué es un cornet en la pastelería?

    a. Un aditivo alimentario.

    b. Un cucurucho de papel para decorar.

    c. Un generador de frío.

    d. Un perol de amasado.

Solucionario capítulo 3

1. Las masas hojaldradas se caracterizan por:

    a. Contener una gran cantidad de azúcar.
    b. Contener una gran cantidad de harina.
    c. Contener una considerable cantidad de grasa y por la facilidad formar láminas de grasa y masa.
    d. Ser masas que toleran muy bien la fermentación.

2. En los procesos de elaboración del hojaldre hay tres pasos importantes que son:

    a. Preparación del empaste, cocción de la masa, fermentación de la masa.
    b. Preparación del empaste y grasa, fermentación del hojaldre, abrillantado de las piezas.
    c. Laminado del hojaldre, hidratado de la harina, conservación de la masa.
    d. Preparación del empaste y la grasa, laminado del hojaldre, pliegues del hojaldre.

3. Cuando un empaste de hojaldre es demasiado duro se corrige...

    a. ... añadiendo vinagre y harina.
    b. ... adelgazando el centro.
    c. ... se da una vuelta más.
    d. ... añadiendo mantequilla y agua.

4. Si un bizcocho se hunde por el centro durante la cocción...

    a. ... la temperatura del techo es alta.
    b. ... se ha abierto el horno, en mitad de la cocción.
    c. ... le falta sal en la elaboración.
    d. ... no suele ocurrir esto.

5. La diferencia entre los ingredientes de un bizcocho de plancha y un *plum cake* es:

    a. La harina.
    b. El cacao.
    c. La grasa.
    d. El impulsor.

6. La pasta choux, es una elaboración culinaria de origen...

    a. ... español.
    b. ... inglés.
    c. ... francés.
    d. ... ruso.

7. La principal característica de las masas azucaradas es:

    a. El aroma de vainilla.
    b. La textura terrosa de las piezas, que se desmoronan en la boca.
    c. Que en su composición interviene el cacao.
    d. La leche que se utiliza ha de ser desnatada.

8. ¿Qué es la quiche lorraine?

    a. Un producto derivado del chocolate.
    b. Una tarta salada, hecha con pasta brisa salada.
    c. Una elaboración hecha con hojaldre.
    d. Un ingrediente de las masas escaldadas.

9. La masa de una pasta de manga es correosa al terminar de amasar cuando...

    a. ... la harina no se ha tamizado.
    b. ... hay un exceso de trabajo durante el amasado.
    c. ... la grasa es de origen vegetal.
    d. ... hay un exceso de impulsor en la masa.

10. Sopa de letras.

Busque el nombre de 4 semifríos en la siguiente sopa de letras y describa su principal característica.

Q	B	A	V	A	R	O	I	S	G	J	I	Y	I
F	G	H	J	K	C	A	R	L	O	T	A	A	Z
N	B	G	H	Y	U	J	M	O	Z	O	X	D	A
P	A	R	F	A	I	T	U	I	L	A	F	U	W
E	N	T	E	R	O	N	A	N	T	O	N	I	O
R	E	Y	A	C	O	S	T	A	L	I	D	I	A
R	O	N	P	U	Y	G	F	V	H	J	K	I	Ñ
M	O	U	S	S	E	S	M	L	D	K	A	T	H

Bavarois: son elaboraciones de origen francés, a las que se da forma en moldes circulares específicos para este tipo de elaboración. Están basadas, generalmente, en una crema inglesa adicionada de gelatina (cola de pescado) o puré de frutas, esponjados mediante la incorporación de nata o merengues.

Mousse: se diferencian de las carlotas y *bavaroises* por estar más esponjadas, por lo que se incorpora un elemento espumoso además de la nata, que sigue constituyendo el elemento principal. Este elemento puede ser el merengue o la pasta bomba. Pueden ir adicionadas de gelatina, aunque no necesariamente la llevan.

Carlota: son elaboraciones de pastelería similares a las *bavaroises,* ya que los rellenos están basados en estos. Se diferencian en que los moldes van forrados interiormente de bizcochos, bien de soletilla, plancha, Joconda, etcétera.

Parfait: los *parfaits* son cremas heladas de sabor intenso que normalmente se congelan en moldes, ya que su alto contenido en grasa y azúcar permite que no pierdan la cremosidad.

Solucionario capítulo 4

1. **Las masas y pastas que sustituyen el azúcar por edulcorantes...**

    a. **... deben añadir la cantidad proporcional que corresponda, siendo específica para cada tipo.**
    b. ... usan la misma cantidad de este.
    c. ... son indicados para celíacos.
    d. Ninguna opción es correcta.

2. **Defina el concepto de gluten.**

    Proteína de reserva nutritiva que se encuentra en las semillas de las gramíneas junto con el almidón.

3. **Complete las siguientes frases:**

    La diabetes produce la **no** absorción de la glucosa hallada en **sangre.**

    Los intolerantes al huevo cocido pueden sustituirlo por **tofu.**

    El vino puede tener trazas de **huevo** debido al proceso de clarificación.

4. **Para sustituir en una elaboración culinaria 180 g de azúcar por su equivalente en fructosa, ¿qué cantidad de fructosa tendrá que emplear?**

    5 g de azúcar _____ 2.5 g de fructosa
    180 g de azúcar _____ X

    X = 90 g de fructosa

5. **Enumere algunos ingredientes que pueden ser consumidos por intolerantes a la lactosa.**

    ▮ Bebidas vegetales de avena, soja, arroz, coco, sésamo, horchata, etcétera.
    ▮ Postres de soja o de arroz.
    ▮ Embutidos sin proteína láctea.
    ▮ Zumos naturales.

Solucionario capítulo 5

1. **¿Quién fue el descubridor de la conservación de los alimentos por calor?**

    a. Brillat Savarin.
    b. Paul Bocuse.
    c. Louis Pasteur.
    d. Juan Mari Arzak.

2. **La congelación es un método de conservación de los alimentos que consiste en...**

    a. ... no es un método de conservación.
    b. ... solidificar el agua que contienen estos.
    c. ... enfriar mucho el alimento.
    d. ... enfriar el alimento a 0 ºC.

3. **La refrigeración, ¿es un método de conservación?, ¿en qué consiste?**

    a. Sí, en bajar la temperatura de los alimentos a 0 ºC aprox.
    b. Sí, en cocer los alimentos a 65 ºC.
    c. No, no es un método de conservación.
    d. No, es un método de cocción a baja temperatura.

4. **La temperatura de congelación y la de ultracongelación son de...**

    a. ... -18 ºC y -40 ºC, respectivamente.
    b. ... -10 ºC y 20 ºC, respectivamente.
    c. ... 0 ºC y 25 ºC, respectivamente.
    d. ... 0 ºC en ambos casos.

5. **La temperatura de refrigeración es de...**

    a. ... 15 ºC.
    b. ... -15 ºC.
    c. ... 5 ºC.
    d. ... 65 ºC.

6. Es una condición indispensable antes de la congelación que los alimentos estén perfectamente...

    a. ... cocinados al vapor.
    b. ... lavados y remojados.
    c. ... envasados al vacío.
    d. ... envasados y etiquetados.

7. La técnica que utiliza el nitrógeno líquido, ¿es un método de conservación?, ¿cuál de ellos?

    a. Sí, el método de congelación.
    b. No, no se utiliza el nitrógeno en la conservación de alimentos.
    c. Sí, en la refrigeración.
    d. Sí, la ultracongelación.

8. ¿Qué son los APPCC?

    a. Procesos preventivos para garantizar la seguridad alimenticia.
    b. Es un método de conservación con helio.
    c. Es un método de conservación por congelación y vacío de forma conjunta.
    d. No tiene nada que ver con el tema que se estudia.

9. ¿El frío destruye las bacterias?

    a. No, solamente las adormece deteniendo su ciclo biológico.
    b. Sí, cuando se congelan los alimentos.
    c. Sí, siempre que la temperatura llegue a 0 ºC.
    d. No, el frío las favorece.

10. ¿Cuál es la consecuencia de una congelación convencional?

    a. Que se quema el producto por estar mucho tiempo expuesto al frío.
    b. Que se destruyen fibras y afecta a la textura del producto.
    c. Que es la mejor forma de aplicar el método de congelación.
    d. No tiene ningún tipo de consecuencia.

Solucionario 3

Elaboraciones complementarias en pastelería-repostería

Solucionario Capítulo 1

1. **Se dice que un proveedor tiene solvencia cuando...**

   a. **... garantiza en todo momento el servicio del producto.**
   b. ... sirve el género bien refrigerado.
   c. ... sirve el género con la fecha de caducidad correcta.
   d. ... no pone inconvenientes a la hora de servir el pedido.

2. **Se puede entender como preelaboraciones...**

   a. ... poner los géneros en remojo.
   b. ... poner los géneros en descongelación.
   c. ... poner los géneros a 100 °C.
   d. **... poner un producto recibido del proveedor en condiciones de poder elaborarlo.**

3. **¿Qué es una operación básica de pastelería?**

   a. Aquella que lleva gran cantidad de huevos.
   b. **Aquella que va a servir para elaborar otras más complejas.**
   c. Aquellas que después de hacerlas se envasan al vacío.
   d. Aquellas que se utilizan en decoración.

4. **Son operaciones básicas:**

   a. **Batir, mezclar, amasar.**
   b. Cocer, laminar, decorar.
   c. Freír, espolvorear, gratinar.
   d. Ninguna de las mencionadas son operaciones básicas de pastelería.

5. **El vale de pedido se utiliza como...**

   a. ... documento para pedir géneros perecederos.
   b. ... documento para hacer pedido directamente a los proveedores.
   c. ... documento donde se anotan las incidencias ocurridas durante la jornada.
   d. **... documento interno utilizado entre los departamentos.**

6. ¿Qué es un alimento perecedero?

    a. Aquel que no precisa de conservación.
    b. Alimento rico en hidratos de carbono.
    c. Aquel que debe tener un tratamiento térmico antes de utilizarlo.
    d. Aquel que comienza la descomposición de forma rápida y sencilla.

7. ¿Qué es un albarán?

    a. Un documento para llevar el control de la gestión del economato.
    b. Un documento que utiliza el jefe de obrador para hacer pedidos al almacén.
    c. Una elaboración básica de múltiples aplicaciones.
    d. Un documento mercantil que acredita la entrega de un pedido.

 Solucionario Capítulo 2

1. **Defina las características de las cremas que en su composición llevan huevo.**

   Son elaboraciones que resultan muy untuosas y aportan densidad y espesor a la crema una vez que se han sometido a los efectos del calor.

2. **¿Cuál es la definición de ovoproducto?**

   Los ovoproductos son los productos obtenidos a partir del huevo, de sus diferentes componentes o sus mezclas, una vez quitadas la cáscara y las membranas, destinados a consumo humano.

3. **Enumere los ingredientes que intervienen en la elaboración de cremas con huevo.**

   Huevos, leche, azúcar, harina, almidón, mantequilla, nata y aromatizantes: canela, vainilla, piel de limón o licores.

4. **Realice una tabla en la que establezca la proporción en % de los ingredientes que intervienen en una crema pastelera.**

% DE MATERIAS PRIMAS PARA FORMULAR UN LITRO DE CREMA DE RELLENO TIPO CREMA PASTELERA		
Materias primas	Formulación con huevo entero	Formulación con yema
Leche	70,00 %	70,00 %
Azúcar	17,00 %	17,00 %
Huevo	7,00 %	8,00 %
Harina o almidón	6,00 %	5,00 %
Aromatizantes	c/s	c/s

5. ¿Qué es un perol semiesférico?

Es un recipiente de pastelería fabricado en acero inoxidable de la base cóncava, con el objeto de que el batidor llegue a todas las partes sin dificultad, a fin de remover la preparación por igual.

6. ¿Cuál es la temperatura máxima de conservación de los productos que llevan huevo en su composición?

La temperatura máxima de conservación para cualquier alimento de consumo inmediato donde figure el huevo u ovoproducto como ingrediente será de 6 °C hasta el momento del consumo.

7. Defina crema batida.

Se consideran cremas batidas las que, habiendo sufrido este proceso técnico, dan como resultado cremas con gran volumen, esponjosas y suaves. Las cremas batidas forman parte de un grupo de elaboraciones de pastelería en el que la nata es el elemento principal.

8. Indique una de las fases más importantes del desarrollo de una crema batida.

El batido que se le va a aplicar a la nata y que está en función de la crema a realizar.

9. ¿Qué temperatura deberá alcanzar una elaboración con base de huevo para evitar riesgos de contaminación?

Igual o superior a los 70 ºC.

10. Realice el desarrollo de una trufa cocida.

    I. Fundir el chocolate al baño maría.
    II. Llevar la nata a ebullición con el azúcar y fuera del fuego añadir el chocolate.
    III. Añadir la mantequilla en trozos pequeños y mezclar todo bien, dejando enfriar.

Solucionario Capítulo 3

1. **Los ingredientes de la salsa bechamel son:**

   a. Leche y queso Matalauva.
   b. Mantequilla, huevo y perejil.
   c. **Leche, mantequilla y harina.**
   d. Tomate, cebolla y aceite.

2. **La salsa aurora es una salsa derivada, realizada a partir de salsa...**

   a. ... bechamel.
   b. ... tomate
   c. **... bechamel y tomate.**
   d. ... mahonesa.

3. **¿Qué es un *roux* blanco?**

   a. Es un fondo de ave.
   b. **Es una mezcla de harina y mantequilla para hacer salsas.**
   c. Es una mezcla de puré de tomate para pizzas.
   d. Es un preparado para hacer la pasta *choux.*

4. **Complete la siguiente oración.**

   La salsa de tomate tiene otras dos elaboraciones que se emplean igual que esta. Son la salsa de tomate natural y el tomate ***concassé.***

5. **De las salsas estudiadas, ¿a cuál le puede afectar la salmonela?**

   a. A la bechamel cuando esta fría.
   b. A la de tomate cuando va de base en las pizzas.
   c. A la vinagreta, porque alguna de sus salsas derivadas lleva huevo cocido.
   d. **A las que llevan huevo crudo, como la salsa mahonesa.**

6. **La temperatura máxima de conservación para cualquier alimento de consumo inmediato en que figure el huevo u ovoproducto como ingrediente será de...**

    a. **... 6 ºC hasta el momento del consumo.**
    b. ... 25 ºC hasta ser consumido.
    c. ... A temperaturas negativas siempre.
    d. ... No es importante la conservación de estos alimentos.

7. **En función de la temperatura, la crema de mantequilla va a tener una consistencia determinada. ¿Cómo será esta consistencia?**

    a. **Líquida si tiene mucha temperatura y sólida si está demasiado fría.**
    b. No la afecta la temperatura a esta salsa.
    c. Siempre tiene una consistencia líquida.
    d. Siempre tiene una consistencia sólida.

8. **¿Qué es regenerar un producto?**

    a. Someterlo a congelación 24 horas.
    b. Cocinarlo por encima de los 70 ºC.
    c. Marinarlo para que tome el sabor de las hierbas aromáticas.
    d. **Rehacer o reponer las características iniciales del producto.**

9. **La pasta *orly* es una elaboración que se utiliza para...**

    a. **... rebozar o cubrir géneros que posteriormente van fritos a la gran fritura.**
    b. ... cubrir la superficie de los hojaldres.
    c. ... envolver rellenos que posteriormente van cocinados en el horno.
    d. ... elaborar las crêpes.

10. **El uso de goma xantana en la elaboración de salsas vinagretas se fundamenta en...**

    a. **... mantener la emulsión.**
    b. ... reducir la acidez del producto.
    c. ... aumentar el sabor de la elaboración.
    d. ... disminuir el uso de sal.

Solucionario Capítulo 4

1. **¿Qué son las cubiertas de pastelería?**

   a. **Elaboraciones destinadas a realzar el aspecto de la preparación y armonizar con el sabor y la composición de la misma.**
   b. Subproductos del cacao.
   c. Elaboraciones saladas.
   d. Elaboraciones cocidas.

2. **¿Con qué nombre se conoce también la glasa al agua?**

   a. *Fondant.*
   b. Barniz.
   c. **Glasa muerta.**
   d. Glasa dulce.

3. **¿Qué lleva el barniz misterio en su composición?**

   a. Claras de huevo y levadura.
   b. Harina de arroz y nata.
   c. Harina de trigo y leche.
   d. **Huevo y azúcar.**

4. **¿Qué es el praliné?**

   a. **Una elaboración de almendras y azúcar.**
   b. Una elaboración con huevo crudo.
   c. Un derivado de la nata.
   d. Una elaboración de fruta fresca.

5. **Los glaseados en pastelería...**

   a. **... son utilizados para aportar brillo y dulzor, aunque también se utilizan como elemento de unión y decoración.**
   b. ... se utilizan para realizar pequeñas piezas talladas para decorar. Una de las técnicas más características para su elaboración es el soplado.

    c. ... son la mezcla de agua y cacao que aportará brillo a las elaboraciones.

    d. ... son utilizados fundamentalmente como relleno.

6. El baño de cobertura blanca es un baño...

    a. ... espeso por la harina.

    b. ... líquido debido a la gran cantidad de manteca de cacao que tiene esta cobertura.

    c. ... líquido por el agua que lleva.

    d. ... no es un baño para cubrir.

7. El término empanizar hace referencia a...

    a. ... la cristalización de una solución de azúcar y agua.

    b. ... el acabado de las tartas.

    c. ... el acabado de los bombones.

    d. ... No es un témino de pastelería.

8. El chocolate no puede ser adicionado con licores porque...

    a. ... la mezcla se empalizaría.

    b. ... la mezcla aumentaría su punto de fusión y se quemaría.

    c. ... estropearía su sabor característico.

    d. ... el chocolate sí puede ser adicionado con licor.

9. El franchipán tiene entre sus ingredientes:

    a. Harina de almendra y azúcar lustre.

    b. Huevo y mantequilla.

    c. Harina floja y esencia de limón.

    d. Todas las respuestas son correctas.

10. Los baños de huevo en pastelería son aplicados...

    a. ... antes de someter a la pieza a un tratamiento de calor.

    b. ... una vez se ha cocinado la pieza, aportando brillo.

    c. ... para dar sabor a las piezas impregnadas.

    d. ... solo en piezas pequeñas de bocado y destinadas a pastelería salada.

Solucionario Capítulo 5

1. **Las masas y pastas que sustituyen el azúcar por edulcorantes...**

   a. **... deben añadir la cantidad proporcional que corresponda, siendo específica para cada tipo.**
   b. ... usan la misma cantidad de este.
   c. ... son indicados para celíacos.
   d. Ninguna respuesta es correcta.

2. **Defina el concepto de gluten.**

   Proteína de reserva nutritiva que se encuentra en las semillas de las gramíneas junto con el almidón.

3. **Complete las siguientes frases.**

   La diabetes produce la **no** absorción de la glucosa hallada en **sangre**.

   Los intolerantes al huevo cocido pueden sustituirlo por **tofu**.

   El vino puede tener trazas de **huevo** debido al proceso de clarificación.

4. **Para sustituir en una elaboración culinaria 180 g de azúcar por su equivalente en fructosa, ¿qué cantidad de fructosa tendrá que emplear?**

   5 g de azúcar _____ 2.5 g de fructosa
   180 g de azúcar _____ X

   X = 90 g de fructosa

5. **Enumere algunos ingredientes que pueden ser consumidos por intolerantes a la lactosa.**

   - Bebidas vegetales de avena, soja, arroz, coco, sésamo, horchata, etcétera.
   - Postres de soja o de arroz.
   - Embutidos sin proteína láctea.
   - Zumos naturales.

Solucionario Capítulo 6

1. ¿Quién fue el descubridor de la conservación de los alimentos por calor?

   a. Brillat Savarin.
   b. Paul Bocuse.
   c. Louis Pasteur.
   d. Juan Mari Arzak.

2. La congelación es un método de conservación de los alimentos que consiste en...

   a. ... no es un método de conservación.
   b. ... solidificar el agua que contienen estos.
   c. ... enfriar mucho el alimento.
   d. ... enfriar el alimento a 0 ºC.

3. La refrigeración, ¿es un método de conservación?, ¿en qué consiste?

   a. Sí, en bajar la temperatura de los alimentos a 0 ºC aprox.
   b. Sí, en cocer los alimentos a 65 ºC.
   c. No, no es un método de conservación.
   d. No, es un método de cocción a baja temperatura.

4. La temperatura de congelación y la de ultracongelación son de...

   a. ... -18 y -40 ºC, respectivamente.
   b. ... -10 y 20 ºC, respectivamente.
   c. ... 0 y 25 ºC, respectivamente.
   d. ... 0 ºC en ambos casos.

5. ¿Cuál es la temperatura de refrigeración?

   a. 15 ºC.
   b. -15 ºC.
   c. 5 ºC.
   d. 65 ºC.

6. **Es una condición indispensable antes de la congelación que los alimentos estén perfectamente...**

    a. ... cocinados al vapor.
    b. ... lavados y remojados.
    c. ... envasados al vacío.
    d. ... envasados y etiquetados.

7. **La técnica que utiliza el nitrógeno líquido, ¿es un método de conservación?, ¿cuál de ellos?**

    a. Sí, el método de congelación.
    b. No, no se utiliza el nitrógeno en la conservación de alimentos.
    c. Sí, en la refrigeración.
    d. Sí, en la ultracongelación.

8. **¿Qué son los APPCC?**

    a. Procesos preventivos para garantizar la seguridad alimenticia.
    b. Es un método de conservación con helio.
    c. Es un método de conservación por congelación y vacío de forma conjunta.
    d. No tiene nada que ver con el tema que se estudia.

9. **¿El frío destruye las bacterias?**

    a. No, solamente las adormece deteniendo su ciclo biológico.
    b. Sí, cuando se congelan los alimentos.
    c. Sí, siempre que la temperatura llegue a 0 ºC.
    d. No, el frío las favorece.

10. **¿Cuál es la consecuencia de una congelación convencional?**

    a. Que se quema el producto por estar mucho tiempo expuesto al frío.
    b. Que se destruyen fibras y afecta a la textura del producto.
    c. Que es la mejor forma de aplicar el método de congelación.
    d. No tiene ningún tipo de consecuencia.

Solucionario 5
Elaboración y presentación de productos hechos a base de masas y pastas

Solucionario Capítulo 1

1. **Es un tipo de amasadora la...**

    a. ... amasadora de brazos.
    b. ... amasadora de espiral.
    c. ... amasadora de eje oblicuo.
    d. Todas las opciones son correctas.

2. **¿Para qué es utilizado el tamiz o cedazo?**

    a. Para coger ingredientes de gran volumen.
    b. Para poner ingredientes a secar, ya sea con aire forzado o no.
    c. Para recoger los restos de harina o azúcar de las mesas de trabajo, evitando el exceso de desperdicios.
    d. Para separar las impurezas de la harina, azúcar u otros ingredientes, así como para airearlos.

3. **De las siguientes afirmaciones, diga cuál es verdadera o falsa.**

    a. El densímetro se utiliza para comprobar la temperatura de los líquidos.

        ☐ Verdadero
        ☑ **Falso**

    b. El abatidor de temperatura permite una cocción uniforme, garantizando valores que van desde los 70 a los 220 ºC.

        ☐ Verdadero
        ☑ **Falso**

    c. La laminadora es usada para el laminado de masas hojaldradas.

        ☑ **Verdadero**
        ☐ Falso

d. Los valores más característicos para el proceso de fermentación son 28 °C de temperatura y 72 % de humedad.

☑ **Verdadero**
☐ Falso

4. Complete las siguientes frases.

Los residuos **orgánicos** engloban los restos de elaboraciones, ya sean crudas o cocinadas.

El papel y cartón deberán ser reciclados en bidones de color **azul.**

Las **cámaras frigoríficas** se utilizan para la conservación de las elaboraciones.

5. Sopa de letras. Encuentre en la siguiente sopa de letras 5 herramientas de uso en pastelería. Descríbalos.

Y	V	U	Y	L	U	L	E	A	K
I	C	A	N	D	I	D	E	R	A
W	T	I	R	U	E	P	A	T	E
D	E	N	S	I	M	E	T	R	O
V	O	T	F	Q	L	A	P	P	L
O	L	I	D	I	A	L	U	A	L
P	Q	F	Y	I	L	L	A	P	I
R	N	A	C	H	O	P	A	U	D
X	K	R	E	C	E	D	A	Z	O
K	Q	Y	K	R	Q	E	U	X	R

Densímetro: instrumento para medir el peso específico de los líquidos.

Rodillo: herramienta utilizada para estirar cualquier tipo de masa.

Varilla: herramienta utilizada para montar natas o merengues a mano, compuesta de alambres unidos en un mango.

Candidera: bandeja de acero inoxidable o aluminio. Se utiliza con una rejilla interior que permite escurrir los productos.

Cedazo: herramienta utilizada para separar las impurezas de las harinas, el azúcar y otros ingredientes, así como para airearlas y homogeneizarlas.

Solucionario Capítulo 2

1. **Realizar una buena** *mise en place* **es fundamental, ya que...**

   a. ... permite no tener que regenerar los alimentos.
   b. **... permite que el trabajo se realice de manera rápida y adecuada.**
   c. ... la *mise en place* no es influyente en la realización del trabajo.
   d. Todas las opciones son incorrectas.

2. **Señale si esta afirmación es verdadera o falsa.**

   Las elaboraciones previas de todos los preparados a base de masas y pastas son similares.

   ☐ Verdadero
   ☑ **Falso**

3. **Elija la opción correcta en relación con el encamisado de moldes.**

   a. Es posible realizarlo con diferentes materias primas.
   b. Su función es dar forma a los productos durante la cocción.
   c. Dentro de los más utilizados, se encuentran los redondos fijos y desmontables y los de plum cake.
   d. **Todas las opciones son correctas.**

4. **¿Cuál es la técnica de cocinado que se aplica normalmente a productos de bocado cuya masa posee poca cantidad de agua y bastante especiados?**

   La fritura.

5. **Complete las siguientes frases:**

   a. Para conservar productos durante un corto plazo, se utiliza el método de **refrigeración.**
   b. La temperatura óptima para la refrigeración se encuentra entre **0 y 8 °C.**
   c. La congelación se basa en la **solidificación** del agua que contienen los géneros.

Solucionario Capítulo 3

1. **Son tipos de proteínas de la harina...**

   a. ... la polisacárida y la monosacárida.
   b. ... la albúmina y la globulina.
   c. ... la gliadina y la glutenina.
   d. Las opciones b y c son correctas.

2. **La temperatura de fusión de la mantequilla es:**

   a. Entre 8 y 10 °C.
   b. Entre 25 y 40 °C.
   c. Entre 30 y 36 °C.
   d. Entre 70 y 90 °C.

3. **En el laminado del hojaldre, 5 vueltas dobles equivalen a...**

   a. ... 2 vueltas sencillas y 3 vueltas dobles.
   b. ... 1 media vuelta, 1 vuelta sencilla, 1 vuelta doble y 1 vuelta múltiple.
   c. ... 2 vueltas sencillas y 3 medias vueltas
   d. ... 1 vuelta múltiple y 3 vueltas sencillas.

4. **Defina el concepto de amasijo referente a una masa hojaldrada.**

   Masa elaborada con harina, agua y sal.

5. **De las siguientes afirmaciones, diga cuál es verdadera o falsa.**

   a. El hojaldre rápido necesita tiempos de reposo, durante el laminado, inferiores a los necesitados en el hojaldre invertido.

   ☑ **Verdadero**
   ☐ Falso

b. El hojaldre mitad/mitad presenta una textura poco crujiente.

☐ Verdadero
☑ **Falso**

c. La temperatura de cocción del hojaldre ronda entre los 150 y los 170 °C.

☐ Verdadero
☑ **Falso**

d. Para la realización de los lazos de hojaldre, se requieren dos láminas de pastón laminado, unidas normalmente por miel o almíbar.

☑ **Verdadero**
☐ Falso

Solucionario Capítulo 4

1. ¿Cuál de las siguientes afirmaciones es cierta?

    a. A las masas batidas no es posible añadirles otro ingrediente adicional que no figure en su composición.

    b. Todos los bizcochos sufren el mismo método de cocción.

    c. El elemento fundamental en las masas batidas es el huevo.

    d. A la mezcla de huevos y harina se le denomina batido.

2. Ordene las siguientes acciones de la elaboración de masas batidas:

    a. Pesar ingredientes.

    b. Blanquear huevos y azúcar.

    c. Tamizar la harina.

    d. Incorporar la carga.

    e. Verter en molde.

    f. Hornear.

3. Al comprobar el resultado de un bizcocho, se observa que la superficie se ha quemado pero el interior ha quedado crudo. ¿Qué puede haber causado esta anomalía?

    a. Se ha abierto el horno en mitad de la cocción.

    b. Se ha cocido con el horno muy fuerte, con más temperatura en el techo que en el suelo.

    c. Se ha cocido con el horno muy fuerte, con más temperatura en el suelo que en el techo.

    d. Ha faltado emulsión en el batido.

4. Relacione las 2 columnas.

    a. Bizcocho capuchina.

    b. Bizcocho soletilla.

    c. Bizcocho joconda.

    d. Plum cake.

    e. Bizcocho sacher.

    f. Bizcochos pesados.

    g. Bizcocho ruso.

b. Bizcocho ligero.
d. Frutas confitadas
g. Pastel ruso.
a. Calado.
f. Grasa.
c. Tarta ópera.
e. Chocolate.

5. Sopa de letras. Encuentre 5 bizcochos pesados.

A	H	K	L	M	O	V	T	E	Y
G	S	E	R	A	Z	Y	J	R	U
E	N	V	B	W	X	E	A	U	M
N	B	C	R	E	H	C	A	S	B
O	E	P	P	R	E	P	R	O	R
V	L	I	J	F	W	I	Ñ	P	E
E	C	P	L	U	M	C	A	K	E
S	U	N	D	M	P	A	C	I	A
A	D	N	O	C	O	J	Q	N	T

Solucionario Capítulo 5

1. **El croquembouche es:**

   a. **Una elaboración realizada a partir de pequeñas piezas de bocaditos de nata, profiteroles o lionesas.**
   b. Un postre salado, relleno de elementos tanto dulces como salados.
   c. Junto con el escaldado, la técnica utilizada para la realización de la pasta *choux*.
   d. Un postre típico alemán.

2. **De las siguientes afirmaciones, indique cuál es verdadera o falsa.**

   a. La pasta *choux* tiene un proceso previo de escaldado.

      ☑ **Verdadero**
      ☐ Falso

   b. Para la elaboración de la pasta *choux,* se deberá realizar un escaldado previo de los huevos a integrar.

      ☐ Verdadero
      ☑ **Falso**

   c. La pasta *choux* es considerada una masa esponjada.

      ☐ Verdadero
      ☑ **Falso**

   d. Los buñuelos de viento deberán ser horneados en horno seco dispuesto de tiro abierto.

      ☐ Verdadero
      ☑ **Falso**

3. Complete las siguientes afirmaciones.

a. La obra revolucionaria de Antoine Carême es **Art. de la cuisine Française au XIXe siècle.**

b. El desarrollo de la pasta *choux* durante el horneado se debe a fenómenos **físicos** principalmente.

c. El agua apropiada para la realización de pasta *choux* es la considerada como agua **dura.**

d. Para la pasta *choux,* la harina empleada es la harina **floja.**

4. Defina el concepto de tresbolillo.

Modo de colocar las piezas en filas paralelas, de manera que las de cada fila correspondan al medio de los huecos de la fila inmediata, formando triángulos equiláteros.

5. Relacione las siguientes elaboraciones con sus formatos

a. Bocaditos de nata.

b. Duquesas.

c. Lionesas.

d. Éclairs.

e. Coronas.

f. Profiteroles.

g. Buñuelos de viento.

h. Relámpagos.

a, c, f, g. 2,5 cm de diámetro.

h. 7 x 1,5 cm.

d. 5 x 0,5 cm.

b. 6 cm.

e. 6 cm de diámetro.

Solucionario Capítulo 6

1. **La textura arenosa de las masas azucaradas se debe...**

   a. ... al exceso de amasado de sus ingredientes.
   b. ... a la falta de amasado de sus ingredientes.
   c. ... a la gran cantidad de harina que posee.
   d. ... al tipo de cocción aplicada.

2. **La harina más recomendada para este tipo de masas es la harina de fuerza.**

   ☐ Verdadero
   ☑ **Falso**

3. **Clasifique los siguientes elementos en la siguiente tabla.**

   a. Virutas.
   b. Pastas de té.
   c. Pasta quebrada.
   d. Lenguas de gato.
   e. Mazapán.
   f. Tejas.

Pastas de manga	Pastas secas
Virutas Pastas de té Lenguas de gato Tejas	Pasta quebrada Mazapán

4. **¿En qué se diferencian los mantecados y los polvorones?**

   a. En la forma.
   b. En el grosor.
   c. En la presentación.
   d. Todas las opciones son correctas.

5. Las babás y los savarines...

    a. ... pertenecen al grupo de pastas secas.
    b. ... pertenecen al grupo de pastas de manga.
    c. ... pertenecen al grupo de masas fritas.
    d. ... no pertenecen a ninguno de los grupos anteriores.

Solucionario Capítulo 7

1. Las masas fritas...

    a. ... no adquieren sabor del aceite de fritura.
    b. ... parten de un bajo contenido en agua.
    c. ... no admiten la adición de huevo en la masa.
    d. ... no son especiadas, mostrando un sabor insípido.

2. El proceso de elaboración de las masas fritas pasa por:

    a. Amasado.
    b. Formado.
    c. Fritura.
    d. Todas las opciones son correctas.

3. De las siguientes afirmaciones, diga cuál es verdadera o falsa.

    a. Las elaboraciones realizadas a partir de masas fritas suelen ser glaseadas.

        ☑ **Verdadero**
        ☐ Falso

    b. Los pestiños no se consideran elaboraciones de masas fritas.

        ☐ Verdadero
        ☑ **Falso**

    c. La masa de porras es adicionada con levadura de panadero, necesitando reposo.

        ☑ **Verdadero**
        ☐ Falso

    d. Los huesos de San Expedito son elaboraciones pertenecientes a la gastronomía sevillana.

        ☑ **Verdadero**
        ☐ Falso

4. Complete las siguientes afirmaciones.

Las masas fritas suelen ser **glaseadas** tras su fritura.

Las elaboraciones realizadas con pasta Orly permiten rellenos **líquidos** en fritura usando técnicas actuales.

El aceite de fritura debe estar entre **170 y 190 ºC.**

5. Sopa de letras. Busque en la siguiente sopa de letras al menos 7 elaboraciones realizadas con masa frita.

R	P	A	S	O	T	X	C	B	B	S	Y	B	I	L	A
B	O	R	R	A	C	H	U	E	L	O	S	I	R	W	A
A	A	Z	S	W	R	U	T	L	U	Ñ	O	A	M	J	N
J	S	S	P	T	R	S	K	F	A	I	S	V	A	R	S
P	O	R	R	A	S	B	A	L	A	T	W	S	L	N	N
I	R	H	T	J	Y	S	R	O	R	S	Y	B	B	R	T
H	R	I	T	L	A	K	F	R	J	E	V	A	O	T	M
H	U	E	S	O	S	A	N	E	X	P	E	D	I	T	O
S	H	S	L	F	I	N	H	S	T	B	A	J	L	O	N
Y	C	B	A	R	T	O	L	I	L	L	O	S	I	R	S

Solucionario Capítulo 8

1. Los pilares de una decoración recaen sobre...

a. ... la armonía y la sencillez.
b. ... la elegancia.
c. ... el color.
d. Todas las opciones son correctas.

2. De las siguientes afirmaciones, diga cuál es verdadero o falsa.

a. Las masas hojaldradas presentan una textura frágil y equilibrada.

☑ **Verdadero**
□ Falso

b. Las elaboraciones realizadas a partir de masas escaldadas no deben ser adicionadas con salsas calientes debido a su fragilidad.

□ Verdadero
☑ **Falso**

c. Las decoraciones de las masas fritas se rigen por la tradición, siendo utilizados de forma general los ganaches y *fondants*.

□ Verdadero
☑ **Falso**

d. La conservación más apropiada de los productos de pastelería y repostería es al vacío.

□ Verdadero
☑ **Falso**

3. Complete las siguientes afirmaciones.

Las masas **fritas** suelen ser presentadas de forma individual como elaboraciones de **bocado**.

La **atmósfera modificada** es uno de los métodos más apropiados de conservación de los productos de pastelería y repostería.

4. **Relacione los siguientes tipos de elaboración con los elementos decorativos.**

   a. Masas fritas.
   b. Masas escaldadas.
   c. Masas hojaldradas.

   a, b, c. Cremas de huevo.
   a. Especias.
   a, b, c. Chocolates.
   b, c. Jaleas y mermeladas.
   b, c. Ganaches.

5. **La experimentación en el mundo dulce...**

   a. ... ha mermado la calidad de las elaboraciones.
   b. ... ha permitido la introducción de nuevas recetas.
   c. ... ha provocado la modificación y mejora de algunas recetas.
   d. Las opciones b y c son correctas.

Elaboración y presentación de postres de cocina

Solucionario Capítulo 1

1. Los postres de restaurante se pueden clasificar en...

    a. ... postres a base de frutas, tartas y semifríos.
    b. ... postres a base de lácteos y huevos.
    c. ... postres fritos o de sartén.
    d. Todas las opciones son correctas.

2. Indique si son verdaderas o falsas las siguientes frases:

    a. Los postres de restaurante permiten presentaciones con diferentes texturas o temperaturas.

        ☑ **Verdadero**
        ☐ Falso

    b. Los postres de restaurante no permiten la presentación de texturas volátiles y/o frágiles.

        ☐ Verdadero
        ☑ **Falso**

    c. El servicio a la rusa no es empleado para el servicio de postres.

        ☐ Verdadero
        ☑ **Falso**

    d. Los postres destinados a un servicio de cóctel deben presentar pequeños formatos, siendo atractivos y de bocado.

        ☑ **Verdadero**
        ☐ Falso

3. Cite al menos 3 elaboraciones dulces realizadas "vista al cliente" con servicio a la rusa.

    ▪ *Crêpes suzette*
    ▪ Bananas *flambe*
    ▪ Albaricoques Condé

4. Relacione la documentación asociada a los procesos productivos, indicando si se consideran documentos internos o externos.

      a. Documentos internos
      b. Documentos externos

      b. Albaranes
      a. Vales de pedido
      a. Relevés
      a. Nota de mermas
      b. Facturas
      a. Comandas
      a. Órdenes de servicio
      a. Inventario

5. Complete las siguientes frases:

Los **relevé** son los documentos en los que se detallan los gastos diarios de materia prima, consiguiendo tener un control exhaustivo de esta.

Los **albaranes** y **facturas** permiten controlar en todo momento las entradas de mercancía, permitiendo un control exhaustivo de la calidad de los productos, el precio de compra, la fecha de recepción y la fecha de pedido.

Los tipos de servicio que permiten los postres de restaurante son: **servicio a la inglesa, servicio a la rusa** y **servicio a la americana.**

Solucionario Capítulo 2

1. **Señale si las siguientes afirmaciones son verdaderas o falsas.**

    a. La cantidad de proteínas que la fruta aporta es mayor a la de glúcidos.

       ☐ Verdadero
       ☑ **Falso**

    b. Los postres a base de frutas son muy apropiados después de comidas copiosas.

       ☑ **Verdadero**
       ☐ Falso

    c. El método de conservación más idóneo para estos postres es la congelación.

       ☐ Verdadero
       ☑ **Falso**

2. **Cite los tipos de postres a base de fruta que se pueden realizar.**

    ▪ Postres con fruta fresca.
    ▪ Postres con fruta cocinada.
    ▪ Postres con base de masa o pasta.
    ▪ Postres con nombre propio.

3. **Las técnicas de cocción más usadas para elaborar postres con fruta cocinada son:**

    a. Horneado, plancha y cocción al vapor.
    b. **Horneado, plancha y hervido.**
    c. Horneado, plancha, hervido y escalfado.

4. **Ordene el proceso de elaboración de los postres de fruta con base de masa o pasta.**

__ Pelar
__ Cortar
__ Cocer la masa en blanco
__ Elaborar crema
__ Añadir crema y/o fruta
__ Lavar
__ Hornear
__ Estirar masa y colocar en molde

1. Lavar
2. Pelar
3. Cortar
4. Elaborar crema
5. Estirar masa y colocar en molde
6. Cocer la masa en blanco
7. Añadir crema o fruta
8. Hornear

5. **Relacione los siguientes postres con sus ingredientes correspondientes.**

a. Tarta Tatin
b. Macedonia
c. Pastel de manzana
d. Plátano flambe
e. Ensalada de frutas

d. *Brandy*
e. Fruta fresca
b. Fruta en almíbar
c. Pasta quebrada
a. Hojaldre

Solucionario Capítulo 3

1. **Los postres con base láctea y huevos...**

   a. ... tienen un aporte calórico bajo.
   b. ... no asimilan la adición de frutos secos, frutas escarchas y/o frutas en almíbar.
   c. **... presentan texturas cremosas y sabores característicos, siendo al mismo tiempo una fuente energética alta.**
   d. ... deben ser texturizados con bases de fécula o gelatinizantes con el fin de poder ser consumidos.

2. **La temperatura de refrigeración de un producto elaborado con base de huevo o leche deberá ser:**

   a. De 0 a 15 ºC.
   b. **De 2 a 8 ºC.**
   c. De −18 a 8 ºC.
   d. De 15 a 75 ºC.

3. **Enumere al menos dos postres de restaurante realizados con base láctea y huevos que pueden ser finalizados a la vista del cliente.**

   ■ Tortilla Alaska
   ■ Crema catalana

4. **El *pudding* diplomático se caracteriza por llevar entre sus ingredientes:**

   a. Azúcar y huevo.
   b. Fruta escarchada, en almíbar o macerada.
   c. Bizcocho soletilla.
   d. **Las opciones b y c son correctas.**

5. Indique si las siguientes afirmaciones son verdaderas o falsas.

a. Los productos que contengan huevo entre sus ingredientes deberán realizarse con ovoproductos, siempre y cuando su tratamiento térmico no supere los 75 °C.

☑ **Verdadero**
☐ Falso

b. Todo manipulador de alimentos deberá respetar el principio básico de asepsia, tanto en su uniformidad como en el uso de herramientas, utensilios, maquinaria y lugar de trabajo.

☑ **Verdadero**
☐ Falso

c. Para la presentación de los postres realizados a partir de base láctea y huevos es necesaria una previa ultracongelación, evitando la presencia de posibles bacterias.

☐ Verdadero
☑ **Falso**

d. Se pude incluir como postre lácteo el pastel de manzana, por llevar entre sus componentes la adición de crema pastelera.

☐ Verdadero
☑ **Falso**

6. Defina el concepto de infusionar.

Llevar a ebullición un líquido al que se le han añadido elementos aromatizantes con el fin de obtener sus aromas tras un determinado periodo de reposo.

Solucionario Capítulo 4

1. ¿Por qué es tan común el rebozado en la realización de los postres fritos?

    a. Porque aporta sabor.
    b. Porque ayuda a conseguir el dorado característico.
    c. Porque protege la pieza.
    d. Todas las opciones son correctas.

2. Indique si estas afirmaciones son verdaderas o falsas.

    a. Es recomendable servir los postres fritos tras comidas copiosas.

        ☐ Verdadero
        ☑ **Falso**

    b. Este tipo de postres tienen una vida corta tras su cocinado.

        ☑ **Verdadero**
        ☐ Falso

    c. Los postres de sartén más comunes son las tortitas americanas y las torrijas.

        ☐ Verdadero
        ☑ **Falso**

3. Complete la siguiente frase:

Dado su **fino** grosor, la posibilidad de presentarlos con varias formas distintas y que admiten infinidad de **rellenos** y **acompañamientos,** los *crêpes* resulta un postre muy **versátil.**

4. Enumere 5 elementos que puedan servir como relleno de *crêpes*.

- Mermeladas
- Cremas
- Merengues
- Helados
- Chocolates
- Miel
- Azúcar
- Especias
- Frutas

5. Ordene el proceso de elaboración de la leche frita.

__ Realizar carga
__ Enfriar
__ Pasar por azúcar y canela
__ Infusionar leche
__ Rebozar y freír
__ Añadir leche y cocer
__ Cortar

1. Infusionar leche
2. Realizar carga
3. Añadir leche y cocer
4. Enfriar
5. Cortar
6. Rebozar y freír
7. Pasar por azúcar y canela

 Solucionario Capítulo 5

1. **La temperatura de conservación y servicio de los semifríos será de...**

   a. ... más de 15 ºC.
   b. ... más de 65 ºC, evitando posibles contaminaciones alimentarias.
   c. **... entre 2 ºC y 8 ºC, sin presencia de cristales de hielo.**
   d. ... menos de −18 ºC, siempre que estén turbinados.

2. **Indique si las siguientes afirmaciones son verdaderas o falsas.**

   a. La *bavarois* no contiene entre sus ingredientes elementos gelificantes.

   ☐ Verdadero
   ☑ **Falso**

   b. Para la realización de las carlotas se deberá encamisar previamente el molde de presentación.

   ☑ **Verdadero**
   ☐ Falso

   c. Por sus características, las *bavarois* no podrán llevar entre sus ingredientes las frutas.

   ☐ Verdadero
   ☑ **Falso**

   d. El contenido ideal de grasa en la nata para emulsionar es del 15 %.

   ☐ Verdadero
   ☑ **Falso**

3. **¿Cuál es el ingrediente característico de una *bavarois?***

   La gelatina

4. **El jarabe a punto de hebra fuerte es el obtenido a una temperatura...**

   a. ... de entre 110 ºC y 114 ºC.
   b. ... de entre 118 ºC y 124 ºC.
   c. ... de entre 85 ºC y 105 ºC.
   d. ... de entre 125 ºC y 135 ºC.

5. **¿Qué documento permite conocer y comprobar la mercancía recibida?**

   a. Las facturas.
   b. Las comandas.
   c. Los albaranes.
   d. Las opciones a y c son correctas.

6. **Las *mousses* destinadas a la realización de tartas son adicionadas con...**

   a. ... gelatinas.
   b. ... edulcorantes.
   c. ... frutos secos.
   d. ... sacarosa.

Solucionario Capítulo 6

1. **Señale si las siguientes afirmaciones son verdaderas o falsas.**

   a. Solo se consideran tartas a aquellas elaboraciones que lleven varias capas de bizcocho.

   ☐ Verdadero
   ☑ **Falso**

   b. La forma más usual aplicada a las tartas es redonda, aunque cada vez más se le aplica forma cuadrada o rectangular.

   ☑ **Verdadero**
   ☐ Falso

   c. El servicio con carro de tartas consigue una mayor atención y apetencia por parte del cliente.

   ☑ **Verdadero**
   ☐ Falso

2. **A temperaturas inferiores a 4 ºC, los gérmenes...**

   a. ... se destruyen.
   b. **... minimizan su actividad, quedando casi paralizada.**
   c. ... se multiplican más rápidamente.
   d. Todas las opciones son incorrectas.

3. **Relacione cada tipo de bizcocho con la tarta correspondiente.**

   a. Bizcocho *Sacher*
   b. Bizcocho para enrollar
   c. Plantilla de bizcocho
   d. Bizcocho *Gioconda*
   e. Bizcocho Genovés

d. Tarta Ópera
a. Tarta *Sacher*
b. Brazo de Gitano
e. Tarta de San Marcos
c. Tarta de Yema

4. Complete la frase:

Para la elaboración del **brazo de gitano,** se utiliza un bizcocho flexible. Se consigue a partir de una plantilla de bizcocho en la cual se modifica la **temperatura** y el **tiempo de cocción.**

5. Busque 5 nombres de tartas.

E	O	M	O	K	A	T	O	M	S
A	C	M	H	A	I	F	E	C	A
K	N	B	S	C	D	N	R	O	B
O	D	I	G	A	L	P	P	O	L
V	R	O	T	S	V	E	A	G	E
B	G	P	A	R	R	A	B	A	U
U	B	M	I	A	N	Z	R	I	X
P	E	L	Y	P	M	L	E	T	Ñ
Y	Y	S	B	I	I	E	U	N	U
I	U	Q	H	N	Y	E	K	A	P
P	A	S	T	E	L	R	U	S	O

 Solucionario Capítulo 7

1. **Indique si las siguientes afirmaciones son verdaderas o falsas.**

    a. Actualmente, las presentaciones tienden a ser recargadas y con mucha cantidad de adornos comestibles.

        ☐ Verdadero
        ☑ **Falso**

    b. En la presentación de bufé de postres se busca una decoración de calidad y a la vez sorprender al cliente.

        ☑ **Verdadero**
        ☐ Falso

2. **En los platos con formas duras...**

    a. ... se integran mejor las líneas curvas.
    b. **... se integran mejor las líneas rectas.**
    c. ... se realizan las líneas en perpendicular con las que delimitan el borde.
    d. Todas las opciones son incorrectas.

3. **Enumere las normas de emplatado citadas en el capítulo.**

    ▪ Regla de los tercios
    ▪ Forma del plato
    ▪ Filigranas

4. **Clasifique cada tendencia de emplatado con su característica correspondiente.**

    ▪ Búsqueda de altura.
    ▪ Posibilidad de presentación en carro de postres.
    ▪ El elemento principal irá a la derecha y el acompañamiento en la izquierda.
    ▪ Formas de figuras geométricas.
    ▪ Cada vez se usan más espumas, jugos livianos, etc.

Presentación clásica	Tendencias geométricas	Tendencia actual
- Posibilidad de presentación en carro de postres. - El elemento principal irá a la derecha y el acompañamiento en la izquierda.	- Formas de figuras geométricas.	- Búsqueda de altura. - Cada vez se usan más espumas, jugos livianos, etc.

5. **Los tipos de servicio más empleados para los postres son:**

    a. A la rusa, en gueridón y a la inglesa.

    b. A la inglesa, en carro de postres y a la rusa.

    c. **A la americana, en carro de postres y a la rusa.**

    d. A la francesa, a la americana y a la rusa.

Solucionario Capítulo 8

1. Cuando se habla de calidad se considera que...

    a. ... es el conjunto de propiedades inherentes a una cosa.
    b. ... es lo que un cliente espera recibir de un producto o servicio.
    c. ... hay que establecer una escala de valores entre productos del mismo tipo.
    d. Todas las opciones son correctas.

2. Defina el concepto de "diagrama de flujo".

Es una representación gráfica del proceso de producción realizado mediante flechas que conecten los puntos de principio a fin del proceso, revelando información de las secuencias del mismo.

3. Indique si las siguientes afirmaciones son verdaderas o falsas.

    a. Los PCC no afectan a todas las fases de producción.

          ☐ Verdadero
          ☑ **Falso**

    b. El manipulador de alimentos es uno de los principales focos de contaminación.

          ☑ **Verdadero**
          ☐ Falso

4. Complete la frase:

El aseguramiento de la calidad es el esfuerzo resultante para **programar,** estructurar, **desarrollar** y **controlar** la calidad en un sistema productivo con el fin de ofrecer a los **consumidores** productos con la calidad deseada o esperada.

5. Busque 4 de los planes de control que forman parte de los requisitos previos que plantea el Código Alimentario.

E	R	Y	M	G	D	A	A	T	P	Ñ	S
A	F	Q	B	S	P	F	S	M	G	O	K
D	K	E	L	E	A	V	E	V	I	E	M
B	O	E	T	R	Z	N	O	C	Ñ	R	I
U	M	S	Y	O	X	Z	I	R	L	D	O
T	C	X	S	D	L	D	V	H	I	N	A
R	F	M	E	E	R	W	Y	J	M	G	G
I	G	G	B	E	G	Q	T	F	P	H	U
F	P	T	P	V	C	U	A	C	I	N	A
Y	G	S	X	O	U	P	H	S	E	I	C
H	E	O	L	R	I	F	P	E	Z	Y	X
D	M	U	Ñ	P	O	R	I	U	A	G	A

Elaboraciones y presentaciones de helados

Solucionario Capítulo 1

1. **El helado se cree que es originario de...**

    a. ... la India.
    b. ... América.
    c. ... Europa.
    d. ... China.

2. **La máquina que cocina al baño maría hasta una temperatura de 90 °C recibe el nombre de...**

    a. ... pasteurizador.
    b. ... tina de maduración.
    c. ... mantecadora.
    d. ... hilador de huevo.

3. **La máquina utilizada para conservar el helado una vez hecho recibe el nombre de...**

    a. ... cámara de congelación.
    b. ... mantecadora.
    c. ... tina de maduración.
    d. ... cámara de refrigeración.

4. **La mantecadora es la máquina que se utiliza para....**

    a. ... turbinar la crema y darle textura al helado.
    b. ... inyectar grasa a la crema.
    c. ... es la encargada de realizar una crema homogénea.
    d. ... es la que mantiene el helado a temperaturas superiores a los 0 °C.

5. La temperatura correcta de congelación es de...

    a. ... 0 ºC.
    b. ... -4 ºC.
    c. ... 18 ºC.
    d. ... -18 ºC.

6. La primera heladería de que se tiene constancia abrió al público en 1660, ¿en qué ciudad europea?

    a. Madrid.
    b. París.
    c. Lisboa.
    d. Berlín.

7. ¿Cuál es el material más utilizado en la fabricación de maquinaria y utillaje de pastelería-heladería?

    a. Acero inoxidable.
    b. Hierro galvanizado.
    c. Silicona.
    d. Aluminio.

8. Se conoce con el nombre de ergonomía a...

    a. ... la forma de controlar los sistemas de conservación del helado.
    b. ... la implantación de planes de higiene.
    c. ... los documentos relacionados con la contabilidad de una empresa de heladería.
    d. ... al diseño de los lugares de trabajo, herramientas y las características y capacidades del trabajador.

9. La criogenia es una técnica empleada para...

    a. ... subir la temperatura de forma brusca.
    b. ... cocer al baño maría.
    c. ... esterilizar los alimentos.
    d. ... bajar la temperatura.

10. Dentro del utillaje de pastelería, hay una herramienta que se utiliza para alisar y extender superficies denominada...

    a. ... batidor.
    b. ... manga pastelera.
    c. ... cazo eléctrico.
    d. ... espátula acodada.

Solucionario Capítulo 2

1. Defina qué es la grasa.

Con éste término se conoce en general varias clases de lípidos, pueden ser de origen animal o vegetal. Si bien en la mayoría de ocasiones pueden cumplir la misma función.

2. La mantequilla es una grasa de origen...

    a. ... vegetal.
    b. ... animal.
    c. No es una grasa.
    d. Es una grasa hidrogenada.

3. Defina el concepto de leche.

La leche es el líquido blanco que segregan las mamas de las hembras de los mamíferos para alimento de sus crías.

4. La nata se puede definir como...

    a. ... el producto resultante de la emulsión de la mantequilla.
    b. ... una mezcla de agua y aceite.
    c. ... la lactosa de la leche.
    d. ... la grasa que contiene la leche.

5. Los ovoproductos son...

    a. ... grasas hidrogenadas.
    b. ... huevos con algún defecto.
    c. ... huevos sin cáscara.
    d. ... productos derivados de los huevos.

6. Enumere tres ingredientes básicos en los helados de base no cremosa.

Agua, azúcar o derivados y fruta.

7. Los frutos secos son aquellos que...

    a. ... en su composición, poseen un contenido en agua inferior al 50 %.
    b. ... en su composición, de la parte comestible poseen un contenido en agua superior al 50 %.
    c. No son utilizados en pastelería-repostería.
    d. ... se utilizan con un tostado previo en la industria de la heladería.

8. ¿Cuál es la principal característica de los helados de base cremosa?

Los helados con base cremosa son aquellos que entre sus ingredientes y fórmulas integran elementos lipídicos o grasos, transmitidos tanto en la realización de la crema base, como en los elementos complementarios.

9. ¿Cómo ha de ser el aspecto de la leche?

Color blanco brillante, opaco, viscosidad consistente, en algunos casos reflejos amarillentos o blanco marfil.

10. ¿Qué hace que encontremos en el mercado leches con diferentes tonalidades de color ?

    a. Los aditivos alimentarios que se añaden.
    b. El tratamiento de conservación al que ha sido sometida.
    c. La especie animal de la que procede.
    d. El periodo transcurrido desde su ordeño.

Solucionario Capítulo 3

1. **Indique si la siguiente frase es verdadera o falsa:**

   Se dice que un proveedor tiene solvencia cuando garantiza en todo momento el servicio del producto.

   ☑ **Verdadero**
   ☐ Falso

2. **Se puede entender por preelaboraciones...**

   a. ... poner los géneros en remojo.
   b. ... poner los géneros en descongelación.
   c. ... poner los géneros a 100 ºC.
   d. **... poner un producto recibido del proveedor, en condiciones de poder elaborarlo.**

3. **¿Cómo se puede definir una operación básica en heladería?**

   Aquella que va a servir para elaborar otras elaboraciones más complejas.

4. Sopa de letras. Encuentre al menos tres términos correspondientes a elaboraciones básicas y explíquelos.

M	E	Z	C	L	A	R
Q	U	U	H	N	M	P
P	I	Y	T	R	E	W
B	A	T	I	R	Q	A
Z	X	S	E	T	G	V
B	M	N	B	V	C	X
Z	F	U	N	D	I	R

5. El vale de pedido se utiliza como...

    a. ... documento para pedir géneros perecederos.
    b. ... documento para hacer pedido directamente a los proveedores.
    c. ... documento donde se anotan las incidencias ocurridas durante la jornada.
    d. ... documento interno utilizado entre los departamentos que sirve como justificante de la salida del género del almacén.

6. ¿Qué es un alimento perecedero?

Se denominan alimentos perecederos aquellos que comienzan una descomposición de forma sencilla.

7. Los bonos de transferencia se utilizan para...

    a. ... solicitar u obtener géneros entre departamentos, sin necesidad de solicitarlos a economato.
    b. ... realizar los pagos a proveedores externos.
    c. ... reclamar la mercancía solicitada al economato.
    d. ... anotar los precios de los productos formando etiquetas.

8. **Defina el concepto de regeneración de un producto.**

   Proceso por el que pasan los alimentos desde su estado de conservación hasta ser manipulados o puestos a temperaturas adecuadas de consumo.

9. **Indique los 3 factores por los que se rige una correcta regeneración.**

   Temperatura, tiempo y humedad.

10. **Los datos que deben aparecer en un vale de pedido, entre otros, son:**

    a. Nombre del departamento que solicita el género y géneros solicitados.
    b. Cantidad o volumen solicitado.
    c. Fecha y firma de los responsables del departamento.
    d. **Todas las respuestas son correctas.**

Solucionario Capítulo 4

1. **Realice un esquema de los procesos por los que pasa el helado desde la mezcla de ingredientes, hasta el consumo.**

Diferentes fases de la elaboración del helado

PESAJE DE INGREDIENTES

TRATAMIENTO TÉRMICO (elaboración base helado)

HOMOGENIZACIÓN (mezclado de la base, adquiriendo una composición homogénea)

MADURACIÓN DE LOS INGREDIENTES

ENFRIADO Y MANTECADO DE LA BASE (mantecación)

ENFRIAMIENTO MEDIANTE ABATIMIENTO

ESTABILIZACIÓN Y CONSERVACIÓN

MANTENIMIENTO Y EXPOSICIÓN DEL HELADO

---

2. **Un pesado exacto de los ingredientes del helado es necesario para obtener...**

   a. **... un producto de calidad, uniforme y constante.**
   b. ... un producto de textura arenosa.
   c. No es necesario pesar los ingredientes.
   d. ... para que la pasteurización de la mezcla del helado sea la correcta.

3. **El objetivo que se pretende alcanzar con la pasteurización en el proceso de elaboración de los helados es...**

   a. **... eliminar la carga bacteriana que se pueda producir en el mix.**
   b. ... introducir aire en la mezcla.
   c. ... hidratar los ingredientes sólidos.
   d. ... gelificar el almidón de la mezcla.

4. ¿Cuál es la temperatura ideal de pasteurización en una mezcla para elaborar helado?

La temperatura de pasteurización de una mezcla para helados es de 85 °C.

5. ¿Cómo se puede definir la homogenización en la fabricación del helado?

El proceso mecánico que se efectúa con una mezcla de helado o mix a cierta temperatura y con presión para fragmentar las partículas sólidas y conseguir una mezcla uniforme.

6. El proceso mediante el cual los ingredientes de una mezcla de helado se dispersan, estabilizándose la mezcla y realzando los sabores por la hidratación al que son sometidos en dicho proceso, se denomina...

    a. ... maduración de la mezcla.
    b. ... pesaje de la mezcla.
    c. ... pasteurización de la mezcla.
    d. ... conservación de la mezcla.

7. ¿En qué consiste la implantación de un sistema APPCC en un establecimiento de restauración como puede ser una heladería?

El sistema APPCC consiste en saber identificar los puntos de control crítico existentes en este tipo de establecimientos para que no se desvíen de los parámetros que se hayan establecido como adecuados, aplicando en todo momento las oportunas correcciones en el caso de que surgiera algún problema.

8. Indique si la siguiente afirmación es verdadera o falsa.

La mantecación del helado es una técnica empleada para que a medida que va enfriando la mezcla, evite la formación de cristales de hielo, a la vez que va incorporando aire y endurece la mezcla logrando la textura deseada.

    ☑ **Verdadero**
    ☐ Falso

9. Sopa de letras. Encuentre tres términos técnicos empleados en heladería en el siguiente cuadro y explique su significado.

O	V	E	R	R	U	N
Q	E	T	U	I	O	P
H	G	F	D	S	A	A
F	R	E	E	Z	E	R
X	B	N	M	K	L	Ñ
H	E	L	A	R	L	K
J	G	M	O	O	A	T

10. Indique si la siguiente frase es verdadera o falsa.

El abatido de temperatura del helado se realiza para estabilizar el helado llevándolo hasta los -18 ºC, temperatura idónea de congelación.

☑ **Verdadero**
☐ Falso

Solucionario Capítulo 5

1. **El helado se puede definir como...**

   a. **... una mezcla homogénea y pasteurizada, que es batida y congelada para su posterior consumo en diversas formas.**
   b. ... una mezcla homogénea y pasteurizada, que tiene como ingrediente básico el turrón.
   c. ... una mezcla homogénea y pasteurizada, que es batida y se sirve caliente.
   d. ... elaboraciones sin gluten en todas sus formas.

2. **Realice una clasificación de los helados.**

   ▌ En mantecadora o sorbetera:

      ▌ Helados de agua: granizados, sorbetes.
      ▌ Helados de leche: mantecados, napolitanos.

   ▌ En molde: bizcochos helados *(biscuit)*, *parfaits* o perfectos, suflés helados, tartas heladas, brazos helados, bombas, copas heladas.

3. **¿Cuál de las siguientes afirmaciones es correcta?**

   a. **La principal característica de los helados de crema es la presencia del huevo.**
   b. La leche, si se utiliza para elaborar helados de crema, debe ser desnatada.
   c. La característica de los helados de crema es la incorporación de cítricos en su elaboración.
   d. La principal característica de los helados de crema es la   presencia del chocolate.

4. **Complete el siguiente texto.**

   Los ingredientes básicos del helado de crema son: **leche**, nata, **leche en polvo**, dextrosa, **yema de huevo**, sacarosa y **azúcar invertido**.

5. **Indique si la siguiente frase es verdadera o falsa.**

Los cítricos (zumos naranja, limón o pulpa de fruta) se añaden a la cuba de pasteurización cuando la mezcla está casi fría, para que no pierdan aromas al desnaturalizarse con el calor.

☑ **Verdadero**
☐ Falso

6. **Una crema inglesa es...**

   a. **... una elaboración de pastelería que tiene como ingredientes básicos: leche, huevo y azúcar, sometidos a un tratamiento térmico.**
   b. ... una elaboración de pastelería que tiene como ingredientes básicos: leche, huevo y azúcar, sin ser sometidos a un tratamiento térmico.
   c. ... una elaboración de pastelería que tiene como ingredientes básicos: leche, huevo y azúcar; y debe congelarse.
   d. No es una elaboración de pastelería.

7. **Indique si la siguiente frase es verdadera o falsa.**

El helado de frutas se puede encuadrar dentro de los helados de leche.

☑ **Verdadero**
☐ Falso

8. Sopa de letras. Busque el nombre de 3 helados en la siguiente sopa de letras y describa el orden de introducción de los ingredientes en la cuba de pasteurización.

V	A	I	N	I	L	L	A	S	G	J	I	Y	I
F	G	H	J	K	C	A	R	L	O	T	A	A	Z
N	B	G	H	Y	U	J	M	O	Z	O	X	D	A
P	A	R	F	A	I	T	U	I	L	A	F	U	W
E	N	T	E	R	O	N	A	N	T	O	N	I	O
R	E	Y	A	C	O	S	T	A	L	I	D	I	A
C	A	F	E	U	Y	G	F	V	H	J	K	I	Ñ
C	H	O	C	O	L	A	T	E	D	K	A	T	H

Elaboración:

▪ Incorporar los líquidos (leche, nata) en frío: 4 ºC.
▪ Seguir añadiendo ingredientes en polvo (leche en polvo,) agitando constantemente para evitar grumos.
▪ Cuando la mezcla coge temperatura de 45 a 50 ºC, añadir emulgentes, estabilizantes, espesantes, etc., y los azúcares (en esta fase se añaden materias grasas, si fuese el caso).
▪ Las yemas u ovoproductos cuando el pasteurizador está a 55 ºC de temperatura.
▪ Los cítricos (zumos naranja, limón) se añaden cuando la mezcla está casi fría para que no pierdan aromas al desnaturalizarse con el calor (si procede en la receta a elaborar).
▪ Las pastas de frutos secos (praliné) o chocolate se funden con anterioridad y se agregan a la mezcla en caliente (si procede en la receta a elaborar).

9. Los sorbetes en general se caracterizan por...

a. ... la ausencia de materia grasa.
b. ... la ausencia de agua.
c. ... la ausencia de frutas.
d. ... la ausencia de frutos secos.

10. Indique si la siguiente frase es verdadera o falsa.

Los granizados son elaboraciones muy parecidas al sorbete, pero la densidad del jarabe es inferior a la de este.

☑ **Verdadero**
☐ Falso

Solucionario Capítulo 6

1. **Realice una clasificación de los tipos de helados que se pueden encontrar en el mercado.**

   Corte, copa, granizado, helado a granel, moldeados (biscuit, perfectos, tarta helada, bomba helada, brazo helado), tarrina y sorbete.

2. **Defina lo que se conoce como corte de helado.**

   Es un tipo de helado habitualmente de varios sabores (vainilla, chocolate, fresa, etc.), comercializado en barras, presentado con envoltorio de cartón específico para este tipo de helado y se sirve la porción entre dos galletas. Normalmente, se comercializa en las heladerías.

3. **¿Cuál de las siguientes afirmaciones es correcta?**

   a. Los granizados se sirven en vasos de cristal o plástico y con pajita.
   b. Los granizados se sirven con frutos secos.
   c. Los granizados se sirven en conos de galleta.
   d. Los granizados no son helados.

4. **Complete el siguiente texto:**

   El **helado a granel** es una elaboración que se comercializa en **cubetas de plástico** específicas para este tipo de elaboraciones y se **sirven** en máquinas, **heladerías** y *catering*.

5. Sopa de letras. Busque el nombre de 3 helados en la siguiente sopa de letras.

B	I	S	C	U	I	T	A	S	G	J	I	Y	S
F	G	H	J	K	C	A	R	L	O	T	A	A	O
N	B	G	H	Y	U	J	M	O	Z	O	X	D	R
P	A	R	F	A	I	T	U	I	L	A	F	U	B
E	N	T	E	R	O	N	A	N	T	O	N	I	E
R	E	Y	A	C	O	S	T	A	L	I	D	I	T
C	A	F	E	U	Y	G	F	V	H	J	K	I	E
T	A	R	R	I	N	A	T	E	D	K	A	T	H

6. ¿Cuál es la norma básica a tener en cuenta en la decoración de los helados?

    a. Todos los ingredientes y aditivos presentes en la elaboración de los helados y su decoración deberán ser comestibles e insípidos para el consumo humano.

    b. Todos los ingredientes y aditivos presentes en la elaboración de los helados, excepto en su decoración, deberán ser comestibles e inocuos para el consumo humano.

    c. Todos los ingredientes y aditivos presentes en la elaboración de los helados y su decoración deberán ser comestibles e inocuos para el consumo humano.

    d. Todos los ingredientes y aditivos presentes en la congelación de los helados y su decoración deberán ser comestibles e inocuos para el consumo humano.

7. ¿Qué es un cucurucho para helados?

Son obleas dulces con forma de cono y que se da esta forma cuando la masa está aún caliente, recién salida del horno. Es una forma cómoda y eficaz de presentar helados para tomar por la calle sin necesidad de tener que utilizar recipientes para servirlo.

8. **En la decoración de los helados se utiliza de manera importante el chocolate, uno de los motivos decorativos más utilizado es forma de...**

   a. **... fideos.**
   b. ... biscuits.
   c. ... cubitos de hielo.
   d. ... pelillos.

9. **Un sirope es...**

   a. **Una mezcla de agua y azúcar con una densidad determinada con diferentes sabores.**
   b. Una mezcla de agua y mantequilla con una densidad determinada sin sabor.
   c. Una mezcla de vino dulce y canela muy utilizada en la decoración de helados.
   d. No se utiliza en la decoración de los helados.

10. **Defina lo que conoce en heladería como tulipa.**

   Es una elaboración hecha con pasta, cigarrillo o galleta empleada en la presentación de helados a granel o helados de agua como sorbetes. Se trata de una galleta que puede ir coloreada o no y que resulta muy elegante en la presentación donde interviene.

Solucionario Capítulo 7

1. La calidad es...

    a. ... el conjunto de propiedades de una cosa, que permiten compararla con las de su especie.

    b. ... el conjunto de documentos que hay que rellenar en una empresa.

    c. ... el resultado de una jornada laboral.

    d. ... la política económica de una empresa.

2. Indique si la siguiente afirmación es verdadera o falsa:

El esfuerzo resultante para programar, estructurar, desarrollar y controlar la calidad en un sistema productivo con el fin de ofrecer a los consumidores productos con la calidad deseada o esperada, se define como el aseguramiento de la calidad.

    ☑ **Verdadero**

    ☐ Falso

3. Lo más importante en un sistema de APPCC es...

    a. ... tener personal de sobra para dedicarse a esta tarea.

    b. ... conocer al personal que trabaja en el departamento de producción.

    c. ... saber identificar los PCC.

    d. ... conocer al conjunto de los proveedores que sirven la materia prima.

4. ¿Cómo se puede definir un PCC?

Como la fase, etapa o proceso donde es posible aplicar una medida de control.

5. ¿Qué se conoce en un sistema de calidad como requisito previo?

A los planes generales de higiene que se deben implantar con anterioridad a los APPCC para que estos tengan éxito.

6. Una buena forma de conservar los insumos alimenticios es...

    a. ... analizar la temperatura a la que se va a consumir.
    b. ... controlar la fecha de envasado del producto.
    c. ... controlar el perfecto estado del envoltorio.
    d. ... analizar las propiedades organoléticas de estos.

7. Indique si la siguiente afirmación es verdadera o falsa:

El diagrama de flujo es la representación gráfica de un proceso realizado mediante fle-chas que conectan los puntos del principio y final del proceso revelando información de las secuencias del mismo.

    ☑ **Verdadero**
    ☐ Falso

8. Encuentre tres palabras relacionadas con las certificaciones de la calidad y defínalas.

Q	E	N	D	S	C	P
W	T	F	G	H	J	K
E	I	S	O	D	G	O
T	E	A	S	D	G	J
R	P	Z	X	V	B	N
D	O	Q	E	R	T	U
K	L	B	E	F	Q	M

ISO: su nombre proviene del griego isos (igual). Esta sigla la creó la Internacional Orga-nization for Standardization (Organización Internacional de Normalización). De esta or-ganización forman parte la mayoría de países desarrollados del mundo. Aunque ha crea-do muchas normas, la más conocida, es quizás, la serie 9000 y de esta familia, la 9001, que hace referencia a la gestión de cualquier empresa. Esta norma se ve escrita como

ISO 9001:2015. Últimamente, también se está conociendo mucho la ISO 14001:2015, que aborda la calidad en la gestión medioambiental de las empresas.

EN (Norma Europea): se refiere a una norma reconocida o elaborada en Europa por el CEN (Comité Europeo de Normalización). Este comité reconoce automáticamente todas las creadas por la ISO.

EFQM: son las iniciales de European Foundation for Quality Management o Fundación Europea para la Gestión de Calidad. Fue creada en 1988 y se trata de un modelo no normativo, cuyo concepto fundamental es la autoevaluación. No es certificable como las Normas ISO, EN o UNE.

9. **Indique si la siguiente afirmación es verdadera o falsa:**

Las tablas de gestión y el árbol de decisiones son recursos documentales del sistema de calidad.

    ☑ **Verdadero**
    ☐ Falso

10. **La sigla UNE, correspondiente a los sistemas de calidad se puede interpretar como...**

    a. ... Norma Europea.
    b. ... Organización Internacional de Normalización.
    c. No corresponde a ningún sistema de calidad.
    d. **Una Norma Española elaborada y reconocida en España.**

Solucionario 7

Seguridad e Higiene y Protección Ambiental en Hostelería

Ejercicios de autoevaluación
Unidad de Aprendizaje 1

1. **¿Cuáles son los factores que influyen en el crecimiento bacteriano?**

Temperatura, humedad, aire, pH, tiempo y alimento.

2. **¿Cuál es el intervalo de temperatura en el cual se favorece el desarrollo de las bacterias?**

    a. **De 5 -10 °C como mínimo a 60-65 °C como máximo.**
    b. De 15 -20 °C como mínimo a 80-85 °C como máximo.
    c. De 15 -20 °C como mínimo a 60-65 °C como máximo.
    d. De 5 -10 °C como mínimo a 80-85 °C como máximo.

3. **Completa las siguientes frases:**

    a. La **limpieza** podemos definirla como la acción o conjunto de acciones que hace posible la eliminación de la suciedad producida por los restos de alimentos, grasas, polvo, etc.
    b. **Desinfección** es el conjunto de acciones en las cuales se eliminan todas las bacterias presentes en el área de trabajo.

4. **¿Qué elementos desinfectamos?**

    a. **Ropa de cocinero, utillajes, equipos y superficies, es decir, todo el entorno que esté en contacto con los alimentos.**
    b. Utillajes, equipos y superficies.
    c. Equipos y superficies.
    d. Solo utillajes de cocina.

5. **El uso de los utillajes de cocina de madera, ¿están totalmente prohibidos?**

    a. **No.**
    b. Sí.

6. En la Calidad Higiénico-Sanitaria se relaciona...

    a. **... el estado del manipulador, medio y alimentos.**
    b. ... el estado solo del medio en el que se realiza el trabajo.
    c. ... el estado del medio y el de los alimentos.
    d. ... el estado solo de salud del manipulador.

7. Completa las siguientes frases:

    a. El sistema de autocontrol nos garantiza **la seguridad e inocuidad** de los alimentos en cada fase de la cadena alimentaria. Para ello, nos basamos en la aplicación **de la metodología APPCC.**
    b. El Sistema de Autocontrol deberá estar necesariamente **actualizado** y a disposición de los Servicios de Control Sanitario Oficial de alimentos, ya que son ellos los encargados de **supervisar, comprobar y verificar su correcta implantación.**
    c. Como norma general, el Sistema de Autocontrol debe estar elaborado en equipo. Es necesaria la participación y compromiso de **todos los miembros de la empresa** que conozcan con detalle su funcionamiento y el **proceso productivo.**

8. ¿A qué productos le aplicaremos unas gotas de desinfectante alimentario?

    a. **A las frutas.**
    b. **A las verduras y hortalizas.**
    c. A los huevos, pues son un alimento de alto riesgo.
    d. A las legumbres.

9. ¿Cuál de las siguientes enfermedades de transmisión alimentaria es la más frecuente?

    a. **Salmonelosis.**
    b. *Shigella.*
    c. *Staphylococcus Aureus.*
    d. *Clostridium Perfringes.*

10. Enumera los casos en los que es necesario lavarse las manos.

- Al entrar en un área de preparación de alimentos.
- Antes de utilizar un equipo o manipular cualquier alimento.
- Después de usar el baño.
- Al salir del trabajo y retornar, por cualquier motivo.
- Después de fumar, comer o sonarse la nariz.
- Al cambiar de actividad en el área de trabajo, por ejemplo si estamos elaborando ensaladas y pasamos a limpiar pescado.
- Después de manipular alimentos desechados, desperdicios y basuras.
- Antes de manipular alimentos que no vayan a sufrir un tratamiento de calor
- Entre la manipulación de alimentos crudos y cocinados.

Ejercicios de autoevaluación
Unidad de Aprendizaje 2

1. **¿Qué tipo de microorganismos pueden penetrar y multiplicarse en otros seres vivos?**

   a. Amebas
   b. **Microorganismos patógenos**
   c. Microorganismos no patógenos
   d. Sipuncúlidos

2. **¿Cuál es la temperatura idónea para llevar a cabo el proceso de desinfección?**

   a. **85 °C**
   b. 65 °C
   c. 60 °C
   d. 40 °C

3. **Identifica si las siguientes frases son verdaderas o falsas:**

   a. Con la limpieza solo se consiguen eliminar los organismos patógenos.

   - Verdadero
   - **Falso**

   b. La limpieza y desinfección ha de ser característica dominante en todas las dependencias del establecimiento, y muy especialmente en las zonas de manipulación de los alimentos.

   - **Verdadero**
   - Falso

4. **¿En qué áreas se debe mantener una higiene mayor?**

   a. **Áreas blancas**
   b. Áreas grises
   c. Áreas rojas
   d. Áreas naranjas

5. Completa las siguientes frases:

El proceso de **esterilización** consiste en la destrucción de los microorganismos a través de calor.

La **desinsectación** consiste en la destrucción de los insectos mediante procedimientos o agentes físicos y químicos.

La **desratización** es la destrucción de animales roedores por procedimientos y/o agentes físicos o químicos.

6. ¿Qué detergente se usa como ayuda suplementaria de otros detergentes para eliminar la grasa?

    a. **Detergentes abrasivos**
    b. Detergentes neutros
    c. Detergentes ácidos
    d. Detergentes alcalinos

7. Los desinfectantes más utilizados son:

- Aguas a temperatura mayores a 80 °C.
- Amonios cuaternarios.
- Compuestos clorados.

8. ¿Con qué siglas se reconoce un desinfectante de uso alimentario?

    a. **HA**
    b. RD
    c. DA
    d. UA

9. Ordena las fases de la limpieza manual del utillaje de cocina y piezas desmontables de maquinaria e instalaciones.

1. Eliminar, mediante el cepillado, los restos de comida que contengan.
2. Se enjuagará en agua caliente.
3. Efectuar el lavado con agua caliente (40 - 50 °C) con la adicción de un detergente.

4. Se procederá al enjuagado con abundante agua corriente para arrastrar la suciedad levantada y los restos de detergente.
5. Proceder a la desinfección del objeto mediante un desinfectante y agua caliente a una temperatura de 85 °C.
6. Enjuagar con abundante agua para eliminar los restos del desinfectante.
7. Proceder al secado mediante aire seco o la ayuda de paños de papel desechables.

10. **¿A qué tipo de señal corresponde una señal de salida de emergencia?**

   a. **A las señales relativas a los equipos de salvamento o de socorro.**
   b. A las señales de advertencia.
   c. A las señales relativas a los equipos de lucha contra incendios.
   d. A las señales de obligación.

Ejercicios de autoevaluación
Unidad de Aprendizaje 3

1. Completa las siguientes frases:

La actividad turística se suma a otro tipo de actividades o industrias que agravan **la problemática ambiental global.**

Recursos como el agua son motivo de enfrentamientos sociales y su explotación ocasiona **graves daños.**

2. Realizar vertidos a las aguas, ¿contribuye a su contaminación?

    a. No.
    b. Solo a las aguas continentales.
    c. Solo cuando se vierten en el mar.
    d. Sí, ya sean estas continentales o marítimas.

3. La industria hostelera produce impactos en el medio ambiente, a través de...

    a. ... la emisión de gases y vertidos de aguas residuales.
    b. ... los ruidos de maquinarias y de actividades.
    c. ... la producción de residuos.
    d. Todas las opciones son correctas.

4. Define qué es un residuo.

Cualquier producto en estado sólido, líquido o gaseoso que proviene de un proceso de extracción, transformación o utilización, y que es abandonado por parte de su propietario.

5. Identifica si las siguientes frases son verdaderas o falsas.

    a. En la recogida selectiva los productos se depositan en un mismo contenedor.

        ■ Verdadero
        ■ **Falso**

b. El sistema de recogida selectiva requiere la implicación del personal del establecimiento.

- ■ **Verdadero**
- ■ Falso

6. **¿En qué contenedor depositarías para su reciclado una botella de vidrio?**

    a. Contenedor amarillo
    b. Contenedor gris
    c. Contenedor azul
    d. **Contenedor verde**

7. **¿Qué residuos se producen en los establecimientos hosteleros?**

    a. Residuos asimilables a urbanos y voluminosos.
    b. Residuos de demolición y peligrosos.
    c. Residuos del jardín y de la cocina.
    d. **Los residuos producidos son los de las opciones a y b.**

8. **¿Qué se define como la transformación de los residuos, dentro del proceso de producción, sea para su destino inicial o para cualquier otro fin?**

    a. **Reciclaje**
    b. Reutilización
    c. Reducción
    d. Recuperación energética

9. **Para conservar un equilibrio ecológico, ¿necesitamos depurar las aguas residuales como paso previo a ser vertidas a mares?**

    a. **Sí**
    b. No

10. **En los últimos tiempos se ha extendido la designación de "las cuatro erres". ¿Cuáles son los cuatro conceptos clave?**

    Reducción, Reutilización, Reciclaje y Recuperación energética.

Ejercicios de autoevaluación
Unidad de Aprendizaje 4

1. Ordena las pautas en el tratamiento de aguas potables.

1. Preoxidación
2. Coagulación y floculación
3. Decantación
4. Filtración
5. Neutralización
6. Desinfección final

2. ¿Por qué no debemos utilizar en las zonas ajardinadas y exteriores de establecimientos hosteleros plantas de otros climas?

Consumen más agua.

3. ¿Cuál es la media de consumo de agua por persona en un establecimiento hostelero?

a. 35-55 litros
b. 55-100 litros
c. 100-150 litros
d. **215-300 litros**

4. ¿Cuál de las siguientes buenas prácticas es correcta?

a. Plantar árboles en el jardín, plantas autóctonas.
b. Llevar un mantenimiento adecuado de las torres de refrigeración.
c. Instalar sistemas de aprovechamiento de agua, pudiendo reutilizar el agua generada para el riego de jardines.
d. **Todas las opciones son correctas.**

5. ¿Cuál de las siguientes acciones no se considera una buena práctica a desarrollar en los aseos?

a. **Instalación de cisternas de una carga.**
b. Instalación de urinarios de descarga presurizada.

    c. Colocación de grifos con temporizador.

    d. Colocar mensajes de buen uso, como: "El inodoro no es una papelera, úselo correctamente".

6. Las siguientes afirmaciones, ¿son verdaderas o falsas?

    a. Los clientes de un hotel prefieren luz natural.

       ■ **Verdadero**
       ■ Falso

    b. Una buena luz natural ahorrará energía al establecimiento hotelero.

       ■ **Verdadero**
       ■ Falso

    c. El diseño y la construcción del hotel pueden influir en el consumo energético.

       ■ **Verdadero**
       ■ Falso

7. Identifica cuál de los siguientes tipos de energía se considera no renovable.

    a. Generación de energía a través de gas
    b. Energía eólica
    c. Biomasa
    d. Energía solar

8. A nivel medioambiental, ¿qué es más interesante?

    a. El gas natural
    b. El gasóleo
    c. El carbón

9. ¿Cuáles son los sistemas de aprovechamiento solar?

- Solar térmica, cuya finalidad es la captación de la energía solar para el aprovechamiento térmico.
- Solar fotovoltaica, cuya finalidad es la captación de energía solar para la generación de energía eléctrica.

10. La demanda térmica de un establecimiento dependerá de...

a. ... las características constructivas del mismo, como la ubicación y orientación del edificio.
b. ... los cerramientos utilizados en fachadas y cubiertas.
c. ... el tipo de carpintería, el acristalamiento y las protecciones solares.
d. **Todas las opciones son correctas.**

Ejercicios de autoevaluación
Unidad de Aprendizaje 5

1. Si compramos productos locales y de temporada...

a. ... garantizamos artículos frescos y de calidad.
b. ... aumentamos el impacto ambiental, por los grandes desplazamientos a realizar para su servicio.
c. ... disminuimos el impacto ambiental, pues los desplazamientos a realizar para su servicio son más cortos.
d. Las opciones a y c son correctas.

2. Una vez elaborados y cocinados los alimentos...

a. ... dejaremos que se enfríen en la cámara a una temperatura de 0 a 4 °C.
b. ... dejaremos enfriar la comida antes de introducirla en la cámara de refrigeración.
c. ... la pasaremos directamente del fuego al congelador, a -18 °C.
d. ... el sistema que utilicemos para enfriar los alimentos cocinados es indiferente.

3. A la hora de comprar productos de limpieza, debemos elegir detergentes...

a. ... que disminuyan la grasa rápidamente sin necesidad de frotar.
b. ... que tengan un olor adecuado y dejen sensación de limpieza, pues disminuye el impacto ambiental.
c. ... sin fosfatos y productos biodegradables, pues disminuimos el impacto medioambiental.
d. ... que produzcan mucha espuma.

4. Respecto a la compra de pescado, ¿qué debemos tener en cuenta? Desarrolla tu respuesta.

Nunca se debe comprar pescado de tamaño inferior al legalmente permitido (para cada especie).

Por dos razones principalmente:

1. Si su tamaño no es legalmente permitido, llegará hasta nuestro establecimiento sin haber seguido los cauces habituales en su distribución, no habrá estado sometido a controles sanitarios y de calidad, con lo que ponemos en riesgo la salud de nuestros clientes.
2. Si consumimos alevines, piezas que no han llegado a su madurez y no permitimos la reproducción de la especie, podemos agotar una fuente de riqueza (mares, ríos) por explotarla en exceso.

5. Señala si las siguientes afirmaciones son verdaderas o falsas.

a. El consumo de energía eléctrica se incrementa si no mantenemos limpias las bombillas y lámparas.

- **Verdadero**
- Falso

b. Un fallo en el cierre hermético de las cámaras aumenta el consumo de energía.

- **Verdadero**
- Falso

c. Abrir el horno cuando creamos conveniente no influye en la pérdida energética.

- Verdadero
- **Falso**

6. Realizar inspecciones de la instalación de fontanería es importante para...

a. ... que no aparezcan manchas de humedad en las paredes.
b. ... detectar fugas y sobreconsumos de agua por averías.
c. ... detectar sobreconsumos en los distintos departamentos del hotel.
d. Todas las opciones son incorrectas.

7. **Enumera las características que crees adecuadas a la hora de comprar equipos informáticos.**

- Que tengan un bajo consumo.
- Una larga vida útil.
- Fabricados en materiales reutilizables o reciclables.

8. **La temperatura de las cámaras frigoríficas y congeladores...**

    a. ... no se debe cambiar, ya que vienen programadas para que funcionen siempre a la misma temperatura.

    b. ... se debe regular adecuadamente, por separado, no disminuyendo la temperatura por debajo de lo necesario.

    c. ... debe estar siempre al mínimo, así nos aseguramos que los productos se mantienen durante más tiempo.

    d. ... se debe tener a una temperatura media de funcionamiento para que no gasten mucha energía.

9. **¿Qué podemos hacer con los aceites usados? ¿Se pueden tirar por el desagüe?**

Podemos trabajar con una empresa autorizada que se encarga de la retirada de estos aceites.

No debemos tirar los aceites por el desagüe, 1 litro de aceite puede contaminar 1.000 litros de agua.

10. **En la cocina, ¿qué aumenta el consumo energético?**

    a. Cocinar con recipientes demasiado pequeños en relación al fuego que se está utilizando.

    b. Cocinar con recipientes grandes en relación con la pequeña cantidad que se ha depositado en él.

    c. Dejar el agua correr mientras lavamos las verduras.

    d. Todas las opciones son correctas.

Ejercicios de autoevaluación
Unidad de Aprendizaje 6

1. **¿En qué departamento de los que enumeramos se pueden producir accidentes por quemaduras?**

    a. Cocina.
    b. Lavandería.
    c. Mantenimiento.
    d. Todas las opciones son correctas.

2. **En un establecimiento hostelero, el suelo debe ser antideslizante...**

    a. ... en todas las zonas.
    b. ... solo y exclusivamente en la cocina.
    c. ... detrás de la barra de cafetería.
    d. ... en recepción.

3. **Las señales que tienen forma triangular, con bordes negros y un pictograma negro sobre un fondo amarillo, son:**

    a. Señales de prohibición.
    b. Señales de obligación.
    c. Señales de advertencia.
    d. Señales de salvamento o socorro.

4. **Que las máquinas de corte dispongan de mecanismos de protección es:**

    a. Aconsejable.
    b. Recomendable.
    c. Obligatorio.
    d. No es necesario.

5. **Los extintores en un establecimiento hostelero estarán...**

    a. ... en buen estado.
    b. ... revisados.
    c. ... en lugar visible.
    d. Todas las opciones son correctas.

6. ¿Qué consecuencias puede ocasionar la falta de luz en un establecimiento hostelero?

    a. Los clientes pueden confundir los restaurantes con pubs.
    b. Se pueden originar cortes por falta de luz o fatiga visual.
    c. Crearemos una atmósfera que propiciará el descanso de los trabajadores.
    d. Todas las opciones son incorrectas.

7. En caso de incendio no podemos...

    a. ... utilizar el ascensor.
    b. ... concentrarnos alrededor de la salida de emergencia.
    c. ... utilizar la escalera.
    d. Las opciones a y b son correctas.

8. Al realizar simulacros...

    a. ... podemos calcular el tiempo necesario para evacuar y el de respuesta por parte de los equipos externos.
    b. ... en ningún caso informaremos al personal del local.
    c. ... lo realizaremos por departamentos.
    d. ... siempre se informará a los trabajadores.

9. Los establecimientos hosteleros dispondrán de un botiquín en los siguientes casos:

    a. Cuando tienen capacidad para más de 50 clientes.
    b. En todos los casos.
    c. En restaurantes, en hoteles habrá sala de curas.
    d. Todas las opciones son incorrectas.

10. Cuando una persona está inconsciente después de un accidente...

    a. ... le daremos un poco de agua para que se recupere rápidamente.
    b. ... intentaremos despertarlo poco a poco.
    c. ... lo colocaremos en posición de seguridad, para que no se asfixie si vomita.
    d. Todas las opciones son correctas.